岩 波 文 庫

38-603-1

ジャック・ラカン

精神分析の四基本概念

（上）

ジャック＝アラン・ミレール編

小出浩之・新宮一成・鈴木國文・小川豊昭訳

岩 波 書 店

LE SÉMINAIRE DE JACQUES LACAN
Livre XI

Les quatre concepts fondamentaux de la psychanalyse
1964

Texte établi par Jacques-Alain Miller

First published 1973 by les Éditions du Seuil, Paris.

First Japanese edition published 2000,
this paperback edition in two volumes published 2020
by Iwanami Shoten, Publishers, Tokyo
by arrangement with
les Éditions du Seuil, Paris.

目　次

下巻目次

翻訳改訂協力　菅原誠一
深尾　琢
古橋忠晃

精神分析の四基本概念

（上）

I　破　門

私は何によって正当化されるのか
純粋喜劇の要素
実践とは何か
科学と宗教の間
ヒステリー者とフロイトの欲望

みなさん

私は、高等研究実習院の第六部門によって一連の講義をする役目を与えられましたので、これからみなさんに精神分析の基礎についてお話ししようと思います。

ただ本日は、この精神分析の基礎というタイトルに私が与えようと思う意味、ならびにこのタイトルを実現するのにふさわしいと思われる様式を、みなさんに指摘するだけに留めたいと思います。

ここにいらっしゃる大部分の方は、すべてとはいいませんが、私をご存じでしょう。それでもまず、私はみなさんに自己紹介をしなくてはなりません。といいますのは、この精神分析の基礎というテーマを扱う前に、ある問いに触れておくのが適当と思われる状況になっているからです。その問いとは、「私は、このテーマについてお話しするにふさわしい人物であると、何によって正当化されるのか」ということです。

このテーマについて、私がここでみなさんにお話しする正当性の根拠は何かといえば、それは、私がいわゆるセミネールを精神分析家たちに向けて一〇年間行ってきたという伝聞によってです。私はその役目に本当に命を捧げてきましたが、ご存じのように、私はその役目を辞任せざるをえなくなりました。それは、いわゆる精神分析協会、つまりこの役目を私に託したまさにその協会の内部で起きた一連の出来事のためです。

この役目を私が他の場所でする分には、私の資格をそんな出来事のために問題にするには及ばない、といって私を支持してくれる方もいらっしゃるかもしれません。しかし、私としてはこの問題はひとまず保留のままということにしておきましょう。私が行ってきた教育の「実現」——こう言うだけに留めますが——に今日から取りかかることができるわけですから、新たな段階となるべき講義を始める前に、この役目を私に与えてくださった高等研究実習院の部門長、フェルナン・ブローデル氏にまず感謝の意を捧げなくてはなりません。ブローデル氏はこの場に出席できないことを残念だとおっしゃっていました。私の教育のスタイルや評判しかご存じないにもかかわらず、私がまったくの沈黙へ封じ込められてしまわないように、この機会に私の難局を救おうとしてくださった彼の気高さともいうべきものに敬意を表したいと思います。気高さという言葉は、私が現に置かれている亡命者のような立場にある者を受け入れるときにこそ、まさにうってつけの言葉です。

彼は、私の友人のクロード・レヴィ＝ストロースの心遣いに応えて、すぐに私を受け入れてくれました。レヴィ＝ストロースが今日出席してくださったことは大変嬉しいことです。彼が私の仕事——それは彼の仕事と相互に影響し合いながら発展してきたものですが——に注目していてくださることが私にとってどれほど貴重なことか、彼はきっとお解りのことと思います。

さらに、私に共感を持っていてくださるすべての方々、なかでも高等師範学校の学長、ロベール・フラスリエール氏のご親切にも感謝の言葉を付け加えたいと思います。氏は、高等研究実習院がこのホールを使えるように配慮してくださいました。このご配慮がなければ、私はどうやってみなさんをお迎えしてよいか解らなかったでしょう。これほどたくさんの方々に来ていただいて心底から感謝しています。

こういうことはすべて、私の教育の「拠点」――この語の場所的な意味でも軍事的な意味でも――に関わることです。さて問題の事柄、つまり精神分析の基礎へと向かおうと思います。

1

精神分析の基礎について言えば、私のセミネールははじめからそのことに、いわば「含まれて」いました。私のセミネールはこの基礎の一要素でした。それは、私のセミネールは精神分析を「具体的に in concreto」基礎づけることに寄与してきたからです。それは、私のセミネールが実践そのものの部分をなしていたからです。それは、私のセミネールが実践の内部にあったからです。それは、私のセミネールが分析実践の一つの要素、つまり精神分析家の養成を目的にしていたからです。

私は少し前に皮肉にも――おそらく暫定的に、というのもあの状況では他にもっと良い方法がないので仕方なく、ということですが――、精神分析とは何であるかについての基準を定義して、精神分析家が行う治療のことである、と書きました。今日ここに来ていらっしゃるアンリ・エイは、おそらく覚えておられるでしょうが、彼が編集した百科事典のある巻にその論文が掲載されました。彼が今日ここにいらっしゃるので、私は、その百科事典から何とかして私のその論文を削除してしまおうとした人たちの執念を思い出します。アンリ・エイがそのとき私に味方してくれたことは誰もが知っていますが、彼も結局、精神分析家たちも加わっている編集委員会にこの削除をやめさせることはできませんでした。その論文は(1)、いくつかの私のテクストを集めた論文集に収録されることになっていますから、それが今日性を失っているものかどうか、みなさんに判断していただけると思います。それは今日性を失っていないと私が信じるのも、そこで扱っている問題はすべて今こうしてみなさんの前で論じている問題と同じだからであり、また「精神分析とは何か」というこの同じ問題を導入するために――私なりのやり方でですが――私がここにいるという事実からも明らかだからです。

「精神分析とは何か」というこの問いには、おそらく少なからず曖昧さがありますし、この問い自体がつねに——私がさきほどの論文でその曖昧さを表した語を使えば——コウモリ問題です。このコウモリ問題を白日のもとで検討すること、それこそ、私がそのとき自分に課したことですし、改めて今日、みなさんにそれをどういう場所から提案すべきかはともかく、まずはそこへと私は戻らなくてはなりません。

私がこの問題へと新たに取りかかる場所は変わってしまいました。それはもはやまったくの内部ではありません。しかし、外部かどうかは解りません。

こういう指摘は、瑣末な逸話ではありません。そして、だからこそ私はみなさんに、次のような「事実」を指摘する際にも、私が逸話に頼ったり論争をふっかけようとしているのではないことをお解りいただけるだろうと思っているのです。つまり、私の教育と呼ばれていたものが「国際精神分析協会」と呼ばれる国際組織の「執行委員会」なる機関から検閲を被ったという事実です。この検閲は前代未聞のものです。というのはこの検閲の目的は、私の教育を放逐すること以外のなにものでもないからです。つまり私の教育は、精神分析家の資格付与に関し、あらゆる点で「無効」と見なされるべきだと(2)いうのです。そしてまたこの検閲は私の教育の放逐を、私の属している精神分析協会が国際組織に加盟するための条件としたのです。

それでもまだ十分ではありませんでした。つまり、私が教育を精神分析家の養成のために「金輪際」その協会で行わないという保証がないかぎり、この加盟は受け入れられないと明言されたのです。

これはまさに、他の場所で大破門と呼ばれているものに相当することです。しかし、この大破門という言葉が使われている場所では、復帰の可能性なしにこれが宣告されることは決してありません。

この大破門がこういう形で存在したのは、「シナゴーグ」という特殊な含みを持つ象徴的な用語で呼ばれる宗教共同体のなかだけでした。そしてスピノザがまさにその対象となったのです。一六五六年七月二七日に――奇しくもそのちょうど二〇〇年後にフロイトは生まれていますが――スピノザはまず「ヘレム」すなわち大破門にあたる破門の対象となりました。その後しばらくして彼は、復帰の可能性のないことがさらに条件に加わる「シャマッタ」の対象となったのです。

これは譬えだと思わないでください。我われがカバーすべきこの深刻かつ広大な領野に対して、譬えなどを振りかざしたりしたら、子供じみたことになってしまうでしょう。

私が思うには、そしてみなさんもお解りでしょうが、これはむしろ一つの事実なのであり、この事実は、それが引き起こす反響のみならず、それが含む構造によっても、精神分析の実践に関する我われの問いの原則そのものに関わるなにものかを導入しています。

精神分析の共同体は一つの〈教会〉であると——そう言えないこともないでしょうが——私は言おうとしているのではありません。それでもやはり、精神分析の共同体の中で宗教的な実践とちょうど呼応するものは何かという問いが、どうしても頭をもたげてきます。いずれにせよ、この〔検閲という〕事実を指摘することによって、今日私が述べようと思っているすべてのことと同様、みなさんに何らかの利益がもたらされることが確かでないとするなら、スキャンダラスな臭いに満ちたこの事実を私は強調などしなかったでしょう。

だからといって、私はこういう状況に置かれたことに対して無関心だ、と言っているのではありません。また、私にとっては——そして、ためらうことなくただちに私があえて基準や前例を挙げるように求めた仲裁者にとっても同じことだったと思うのですが——この事実は笑いの種という意味での喜劇の材料であるなどと思わないでください。にもかかわらず、この曲折においては広大な喜劇的な次元のものが私につきまとっていたということを申し上げておきたいと思います。この喜劇的な次元は、さきほど私が破門と呼んだ表明の水準で生じるものの領域に属してはいません。むしろ、この喜劇的次元はここ二年間の私の立場に由来しています。つまり、同僚とか弟子という位置にあった人たちによって私がまさしく「取り引きの材料にされた」という立場です。

といいますのは、問題は、私の教育の持つ資格付与的な価値に関する譲歩と、協会の国際的資格の獲得とを天秤にかけたということですから。私は次のことを指摘する機会を逃したくないと思います。つまり、この事実こそまさに、そこに居合わせたとき、喜劇の次元という形で体験することのできるものだということです。これには、いずれまた触れることになるでしょう。

こういうことは、精神分析家によってしか十分には把握されないと思います。

取り引きの材料にされるということは、人間の尊厳とか〈人権〉に関する駄弁にもかかわらず、おそらく人間にとって稀な状況ではないでしょう。それどころか、誰もがいつも、そしてあらゆる水準で取り引きされる可能性があります。というのは、社会構造について少しまじめに考えると、つねに交換なるものが取り出されるからです。この交換は、個人の交換、すなわち社会の支えの交換、言いかえればいわゆる自律性という神聖な権利を備えている主体と呼ばれる個人の交換です。誰もが知っているように、政治は取り引きによって成り立っています。そして政治の場合には、いわゆる市民と呼ばれている主体が数十万単位で、十把ひとからげに取り引きされます。したがって私の状況も何ら例外的なものではありません。もっとも、さきほど同僚とか弟子とか呼んだ人たちによって私が取り引きの材料にされたということが、外から見れば時に別の名で呼ばれている、ということはありますが。

しかし主体の真理は、主体が主人の立場にいるときでも、主体そのものの中にあるのではありません。分析が示しているように、それは対象の中に、隠された本性を持つ対象の中にあります。この対象を現れさせること、それがまさに純粋喜劇の要素です。

このことこそ、ここで指摘するにふさわしい、しかも私がそれについて証言できる場所から指摘するにふさわしいと思われる次元です。といいますのは、結局この次元はこのような場合、誰かが外からそれについて証言しようとしても、誤った慎み pudeur からついつい恥ずかしいと思って不当に自制する対象となりがちなものだからです。それに対し私は中から、この次元はまったく正当なものであり、分析的観点から体験できるものである、と言うことができます。さらに言うならば、そういうことが言えるのは、この次元が、この次元を乗り越えるような仕方によって気づかれる瞬間から、つまりここでは喜劇の認識にほかならないユーモアという観点で気づかれる瞬間からです。

このような指摘は、精神分析の基礎に関して申し上げたことの領野から外れるものではありません。というのは「基礎、基本 fondement」という言葉の意味はただ一つというわけではないからです。この言葉がこの領野では神の顕現様式の一つを指していることを思い出すためには、「カバラ」(3)を引き合いに出すまでもないでしょう。神の顕現はこの領域ではまさに「恥部、恥ずかしいもの pudendum」と同一視されています。分析のディスクールにおいて我われがこだわったのが、この「pudendum」であることはやはり驚くべきことです。基礎はここではおそらく「下部 dessous」という形を取ることでしょう。もっともこの「dessous」が、あらかじめむき出しになっているわけではないという条件のもとでですが。

外から見れば、私に分析を受けた人たち、さらには現に私に分析を受けている人たちがこの取り引きに関わり、しかもきわめて執拗に関わったということは、驚くべきことかもしれません。そして、分析を受けた人と分析をした人との関係の中に、分析の価値そのものを疑問に付すような何らかのトラブルでもあるというのでなければ、どうしてそのようなことが起こりうるのかと訝しく思われるかもしれません。ところで、ここでスキャンダルの材料ともなりかねないものから出発してこそ、我われは「教育分析」——出版されているものを見てもまったく闇の中に置かれているこの実践、あるいは実践のこの段階——と言われるものをより正確に把握できますし、またその目標、限界、効果に関して何らかの解明がもたらされます。

それはもはや「pudendum」の問題ではありません。それは、精神分析に何を期待でき、期待すべきかという問いであり、また何が精神分析ではブレーキとして、さらには失敗として認められなくてはならないか、という問いです。

だからこそ、私は何一つ手心を加えることなく、ある「事実」——この事実の輪郭と同時に、それをどう考えるべきかということについては、後にもっとはっきりとお解りいただけると思いますが——をここで対象として提起すべきだと考えました。この事実を、私が「精神分析の基礎——広い意味で——とは何か」、つまり「精神分析を実践として基礎づけているものは何か」についてみなさんの前で検討していくにあたって、導入として提起すべきだと考えたのです。

2

実践《プラクシス》とは何でしょうか。この用語は精神分析に関しては不適切なものと見なされていますが、私はそうは思いません。実践とは、何であれ人間によって企てられる活動、つまり人間が象徴的なものによって現実的なものを取り扱うことを可能にする活動、を指すもっとも広い用語です。その際人間が多少とも想像的なものに出会うということは、ここでは二次的なことでしかありません。

この実践の定義は、ですからもっとずっと遠くまで広がっています。だからといって我われは、ディオゲネスのように、人間ならぬ精神分析をきわめてさまざまな実践の領野の中にまで研究しようというのではありません。我われはむしろ我われ自身が行っている精神分析を取り上げましょう。そうすればすぐに、精神分析は、限定し名づけることが十分可能な実践へと我われを向かわせてくれるでしょう。

ここで何の前置きもなく二つの用語を導入しますが、それは、この両者の間で問いを立てようと思うからです。これは皮肉では決してありません。私がまず言いたいことは、私がこのような場所で、これほど多くの人を前にここにいるのは、「精神分析は科学なのか」という問いを立て、それをみなさんと検討するためだ、ということです。

精神分析についてよく引き合いに出されるもう一つのものは宗教ですが、これについてはさきほどすでに申し上げました。ただここで念のために付け加えておくと、私が言っているのは今日的意味での宗教のことです。つまり、干上がって、方法論化され、原始的思考という、我われとは縁遠いものへと押しやられた宗教のことではなくて、現に行われているのを我われが目にする、いまだ生きている、しっかりと生きている宗教のことです。精神分析は、科学と宗教というこれら二つの領域のどちらかに登録されるに値するにせよ、そうでないにせよ、科学というものによって、さらには宗教というものによって我われが何を理解すべきかを明らかにしてくれるのです。

そうはいっても、まず誤解を避けようと思います。いずれにせよ精神分析は一つの研究《ルシェルシュ》であると言う人もいるでしょう。それに対して私は言いたいのですが、そしてさらに、この研究という用語がいつからか多くのことに関する踏み絵として役立っている当局に向かっても言いたいのですが、この研究という用語に私は用心しています。私は、自分が研究者であるとは少しも思っていません。ある日ピカソが言ったように——それは彼の取り巻きにとっては大変なスキャンダルでしたが――「私は探し求め《シェルシェ》たりしない、私は見出すのだ」。

ところで、いわゆる科学的研究の分野には、はっきりと認められる二つの領野があります。探求《シェルシェ》の領野と、発見の領野です。

興味深いことに、このことは科学といわれるものに関してきちんと定義された最前線に当てはまることです。またおそらく、探求する研究と、宗教の領域との間には何らかの親近性があります。「私をまだ見出していないのなら、私を探し求めることもないだろう」、これはそこでよく言われることです。「すでに見出しているということ」がつねに背後にあるわけですが、それは忘却という次元のなにものかを刻印されています。そして、そのときに始まるのは、心地よい漠とした研究なのではないでしょうか。

この場合研究ということが我われに関わるとしたら、それは今日人文諸科学と呼ばれている次元に位置づけられるものによってです。実際、発見するすべての人々の足下で「解釈学の復権要求」と呼ばれるものが顔を出してきています。この「解釈学の復権要求」はまさに探求的な復権要求、つまりつねに新しく、汲み尽くすことの決してできない意味作用《シニフィカシオン》を探求しようとする復権要求です。しかし、そんなものは発見する人によってまだ芽のうちに摘まれてしまうことでしょう。

ところでこの解釈学には我われ分析家も関わりがあります。というのは、解釈学が主張する意味作用の発展の道は、多くの人の頭の中で、分析で「解釈」と呼ばれているものと混同されているからです。この解釈はいわゆる解釈学と同じ意味に受け取られるべきものでは決してありませんが、解釈学はこの混同をわざと利用しています。こういう傾向のために、精神分析と宗教的領域との間には、少なくとも交流の道があるように見えるのです。この点についてはは適当な機会に再び戻ることにしましょう。

ですから、精神分析が科学と呼ばれることが正当化されるためには、もう少し多くのことが要求されるべきでしょう。

科学の特徴、それは対象を持っていることです。科学は、少なくとも、「実験」と呼ばれる再現可能な操作によって定義される対象を持っている、と言うことができます。しかし我われはきわめて慎重でなくてはなりません。というのはこの対象は変化するからです。とりわけ奇妙にも科学の進歩につれて変化するからです。現代物理学の対象は、のちほど申し上げるように、一七世紀に位置づけられるその誕生の頃の対象と今でも同じであるなどと言うことはできません。また現代化学の対象は、化学が誕生したラヴォワジエの時代の対象と同じでしょうか。

以上のように指摘すると、我われは、少なくとも戦術上、一歩後退し、実践から再出発せざるをえないことになります。そして、実践こそが領野を画定しているのだということを知った以上、我われは、現代科学の学者がすべてを詳しく知っているわけでは決してないにもかかわらず専門家とされているのは、結局は実践というこの領野に足を置いているがゆえではないかと考えることができます。

私は、科学全体はまとまった一つの体系、いわゆる〈世界〉という体系に準拠している、というデュエムの要請を受け入れることはできません。そういう体系に準拠することは、同定したいという欲求に応える準拠関係なのですから、結局のところつねに多少とも観念論的です。実証主義的立場に暗に含まれているこのような超越的補足を、我われはなしで済ますことができると言ってもいいでしょう。実証主義者たちは、あらゆる領野の最終的な統一性なるものにつねに準拠しているのです。

結局そういう考え方は疑問のあるものであり、誤ったものです。ですから、我われはそういう考え方からますます距離を取りましょう。科学の樹(4)の幹は決して一本でなくてはならないわけではありません。かといって、私は何本もの幹があると思っているわけではありません。創世記の第一章のモデルに従えば、おそらく二本の異なった幹があることになりましょう。蒙昧主義に多少とも彩られたこの神話に特別な重要性を与えようというわけではありませんが、でも、なぜその点を明らかにすることを精神分析に期待してはいけないのでしょう。

実践の領野という意味での経験という考え方だけでは、科学を定義するに十分でないことは明らかです。実際、このような定義は、たとえば神秘的な経験にも十分当てはまりますから。こういう道を介してすら、経験に科学的な考察が加えられていますし、我われは、神秘的経験について科学的理解へと到達できる、と考えることもできないわけではありません。しかし、ここには一種の曖昧さがあります。つまりある経験を科学的検証にかければ、それでその経験それ自体に科学的内実が備わっていると誤って考えがちです。でも、我われが神秘的経験を科学の中に組み入れることなどできないことは明らかです。

もう一つ指摘しておきます。仮に科学は実践が決定づける領野を出発点に定義されるとしたら、そういう定義を錬金術に当てはめ、錬金術も科学であると言えるでしょうか。私は最近、ディドロの『全集』にすら載ってはいませんが、明らかに彼の手になる小冊子をもう一度読んでみました。化学がラヴォワジエとともに始まったとするならば、たしかにディドロがこの小冊子で語っているのは、化学についてではなくて端から端まで錬金術についてです。それでいてその小冊子は、みなさんご存じのあの知的繊細さを備えています。しかし、彼が我われに示してくれた長年にわたる錬金術の輝かしい歴史的特色にもかかわらず、我われに錬金術は結局科学ではないとただちに言わしめるものは何でしょうか。操作する人の魂の純粋さこそが、まさにこの純粋というその名で名指され、この錬金術を行ううえで必要不可欠であると考えられていたこと、これが私には決定的なことだと思われます。

お解りのように、この指摘は副次的なものではありません。というのは、おそらく分析を錬金術でいう大仕事に見立てて、そこでの分析家の現前に関して同じようなことを言う人がいるでしょうし、また我われの教育分析が目指すのもそれだと言われているからです。さらにおそらくは、「分析家の欲望とは何か」という中心的問いへと私が精一杯頑張って公然とまっすぐに向かっていった昨今の講義に際し、私も同じことを言っているのだと思われたかもしれません。

正しい仕方で操作するためには、分析家の欲望はどのようなものでなくてはならないのでしょうか。こういう問いは、諸科学において現にそうであるように、我われの領野の外に放っておくことができるものでしょうか。実際、もっとも確実とされる現代諸科学では、たとえば物理学者の欲望はどうなっているかなどということは、誰も問題にしません。

3

オッペンハイマー氏が現代物理学の基礎にあるこの欲望についての問いを我われに対して提起するためには、たしかにいくつかの危機が必要でした。しかし他には誰一人としてそんなことには注意を向けず、それは政治的なことだと思っていました。この欲望は錬金術の達人に要請されたあの魂の純粋さと同じ次元のことでしょうか。

いずれにせよ、分析家の欲望を我われの問いの外に放っておくことは決してできません。なぜなら分析家の養成という問題がそのことを提起しているからです。そして教育分析はまさに、私の代数学において「分析家の欲望」と呼んだ点へと分析家を導くことにこそ役立つのです。

ここでもまたこの問題にすぐに答えるわけにはいきません。ここでは、農業は科学なのか、というような問いへとみなさんを導いているのだということが、おおよそお解りいただければいいでしょう。この問いに対し、ある人はそうだと答え、またある人は違うと答えるでしょう。この例を挙げたのは、対象〔＝目的〕によって定義される農業と、ここでぴったりな言葉で言えば領野〔領野 champ には畑という意味もある〕によって定義される農業、つまり農業と農学、この二つの間にはやはり違いがあることをみなさんに示唆するためだけにすぎません。しかしこのことによって確かなある次元――これはものごとのイロハですが、結局我われはそこにいなくてはなりません――つまり「定式化」という次元を出現させることができます。

これで科学の条件を定義するのに十分でしょうか。決してそうは思いません。間違った科学も、真の科学と同様、定式化できます。したがって問題は単純ではありません。というのは、科学と想定された精神分析は、はなはだ問題をはらんだ様相を呈しているように見えるからです。

精神分析においては諸々の定式は何と関係しているのでしょう。何が対象のこのズレの動因となり、それを調整しているのでしょうか。分析にはすでに出来上がった概念と呼べるものがあるのでしょうか。フロイトが分析経験を構造化するために用いたさまざまな用語のほとんどがまるで宗教のように堅持されているのは、いったいどうしてでしょうか。これは、科学の歴史の中でもきわめて驚くべき出来事だということでしょうか。つまりフロイトは、科学と想定されたこの精神分析において基本概念を導入した最初で最後の人だということでしょうか。この幹、この支柱、この杭がなければ、我われの実践はどこへ繋ぎとめることができるでしょうか。それらは本当の意味での概念である、とはたして言うことができるでしょうか。それとも、それらは形成途上の概念、発展途上の概念、まだ流動中の再検討されるべき概念なのでしょうか。

この問いについては、「精神分析は科学なのか」という問いの解明を目指す道の中で——この道は今後の究明を通してやっと征服される道でしかありえないのですが——我われは一定の前進を遂げたと言ってよいと思います。しかし、たしかに、精神分析家以外には誰も読まない、この退屈で、うんざりで、飽きあきさせられるいわゆる精神分析的文献の中での理論的議論の中心にはいつもフロイトの概念が堅持されていますが、それでも、フロイトの概念から後退していることに変わりありません。そこで使われているフロイトの概念は大部分歪められた不純なものであり、変造されたものです。またひじょうに難しい概念はポケットに隠してしまっています。たとえば、欲求不満《フリュストラシオン》をめぐって考察されたことはすべて、その由来となったフロイトの概念から見ると、的外れで、まさに退化した前概念的なものです。

同様に、もはや誰も――私の周囲の人たちは数少ない例外ですが――エディプスの三つ組構造にも去勢コンプレックスにも注意を払うことはありません。

精神分析に理論的な境位を保証するには、フェニヒェルが行ったように分析経験から得た素材を下水道のようにすべて集めて平凡な水準に戻すといったやり方では決して十分ではありません。もちろんかなりの数の事実は集められていますし、それらがいくつかの章に分類されているのを見ることは無駄ではありません。その領野全体にわたってすべてあらかじめ説明されてしまっている、という印象を持たれることもあるでしょう。しかし分析とは、ある症例の中に理論に基づいてその症例の鑑別的特徴を見出すことではありませんし、あなたの娘がなぜ口を利かないかを説明できたと思うことでもありません[5]。というのは、問題は「彼女に話させる」ことであり、そういう効果は鑑別的特徴を参照することとはまったく関わりのない介入から生じるからです。

分析はまさに彼女に話させることから成り立っています。したがって分析は沈黙を取り除くことであると言えないことはありません。それが抵抗の分析という名で一時期呼ばれていたことです。

症状は第一に、話すと想定された主体における沈黙です。患者主体が話せば、もちろんその沈黙から回復します。しかしそのことは、患者がなぜ話しはじめたかをまったく我われに告げてはくれません。ただたんに、この口を利かない娘の例の場合に当然予想されるように、ヒステリー者の一つの鑑別的特徴を示しているにすぎません。

ところで、ヒステリー者の鑑別的特徴はまさに次の点にあります。つまりヒステリー者は話すという動きそのものの中で自身の欲望を構成するということです。ですからフロイトが欲望とランガージュとの関係は実際何なのかという点へと入り、無意識のメカニズムを発見したのがこのヒステリーという入口からである、ということは驚くべきことではありません。

欲望とランガージュとのこの関係そのものがフロイトによってヴェールを剝がされたこと、それは彼の天才の証です。だからといって、彼がこの関係を完全に明らかにしたというわけではありません。転移という堂々たる概念をもってしても、決してそんなことはないのです。

ヒステリー者のすべての症状を治すもっとも良い方法はその欲望に応えることである、という考え方があります。ところが、ヒステリー者の欲望は、自身の欲望を満たされない欲望として我われの眼差しに示すことです。ですからそういう考え方は、ヒステリー者が自身の欲望を満たされない欲望としてしか保つことができないその「理由」は何か、ということの特異な問いをまったく不問に付してしまいます。こうしてヒステリーは、言うなれば精神分析のある原罪の痕跡へと我われを導きます。原罪が一つあるはずです。真実は、おそらくたった一つのことにすぎません。つまりフロイト自身の欲望です。言いかえれば、フロイトの中で何かが一度も分析されなかったという事実です(6)。

奇妙な符合ですが、セミネールをやめざるをえない立場に置かれたとき、私がいたのはまさにその点です。

〈父の諸名〉について私が語ろうと思っていたことの狙いは、実際始原を問題にすることにほかなりません。始原を問題にするとは、つまりフロイトの欲望が、彼が無意識と名づけた経験の領野への入口を発見できたのはいかなる特権によってなのかを問う、ということです。

この始原へと遡ることは、我われが分析を地に足のついたものにしようとするなら、絶対に必要不可欠なことです。

いずれにせよ、経験の領野を問うこういう仕方は、我われが次回お会いするとき、次のようなことに言及することによって導かれるでしょう。つまり、フロイトが基本概念として導入した用語のなかの四つ、すなわち「無意識」「反復」「転移」「欲動」、これらに概念としていかなる境位を与えるべきかということです。

これらの概念を、これらを包み込むもっと一般的な機能、この領野におけるこれらの操作的な価値を示してくれるもっと一般的な機能、すなわちシニフィアンそのものの機能——これは表面に現れない暗黙のものですが——、この機能との関連で私が過去の講義の中で位置づけたその仕方を考慮してみること、それによって我われは次回さらなる一歩を踏み出すことができるでしょう。

今年度は一時四〇分には講義を終えて、少し時間の余裕を持つことを約束しました。ですから、お急ぎでない方は、しばらく残って、その日私の講義を聞いて何か疑問に思ったことを質問することにしてください。

質疑応答

M・トール――精神分析をフロイトの欲望やヒステリー者の欲望と関連づけられましたが、それは心理学主義だという誹りを受けることになりませんか。

フロイトの欲望への言及は心理学的言及ではありません。ヒステリー者の欲望への言及も心理学的言及ではありません。

私は次のような問いを立てたのです。つまり、レヴィ=ストロースが社会のさまざまな境位の基盤に置いた「野生の思考」という働きは「一つの」無意識ではあるが、しかし、この働きは無意識そのものを含みうるのか、そしてもしそうなら、それはフロイトの無意識をも含んだものなのか、という問いです。

真にフロイト的な無意識の道、これをフロイトに教えたのはヒステリー者たちです。だから私はヒステリー者の欲望を取り上げたのです。もちろんすでにお話ししたように、フロイトはそこでやめにしたわけではありませんが。

フロイトの欲望、それを私はもっと高い水準に位置づけました。私が言ったことは、分析実践というフロイトの領野はある始原の欲望に依拠しており、この始原の欲望が精神分析の伝達の中で、つねに曖昧ではあるが優勢な役目を果たしている、ということです。ソクラテスの欲望――これも解決されていませんが――が心理学の問題でないのと同じように、フロイトの欲望の問題は心理学的なものではありません。欲望に関すること以外には何も知らないとソクラテスが言明したとき、そこには主体の境位に触れる問題のすべてがありました。ソクラテスは欲望を始原的な主体性という位置にではなく、対象の位置に置きました。さて、こうしてみると、フロイトにおいて問題なのもやはり対象としての欲望です。

一九六四年一月一五日

訳註

（1） Jacques Lacan, “Variantes de la cure-type”, *Écrits*, Éditions du Seuil, 1966. ジャック・ラカン「治療＝型の異型について」三好暁光訳、『エクリⅡ』弘文堂。

（2） フランス精神分析協会 La Société française de psychanalyse: SFP を指す。

(3) ヘブライ語でユダヤ教の密教的部分。口から耳に直接伝授され、師資相承の〈口伝〉もしくは〈伝統〉を意味する語。カバラの哲学は〈生命の樹〉に集約される。これには一〇個のセフィロトがあり、下から二番目がイェソド(基礎)である。

(4) 聖書(創世記第二章第九節以降)の「知恵の樹」のこと。ここでの知恵は仏語では science である。

(5) モリエールの劇『心ならずも医者になり Le Médecin malgré lui』よりとられている例。

(6) ラカンはこの年度、〈父の諸名〉というセミネールを予定していたが、国際精神分析協会から破門されて初回(一九六三年一一月二〇日)のみで打ち切らざるをえなかった。

無意識と反復

Ⅱ　フロイトの無意識と我われの無意識

野生の思考
原因はうまくいかないものにしかない
裂け目、躓き、掘り出しもの、喪失
不連続性
シニョレリ

定刻ですから、今日の話をある詩を読むことから始めることにします。実際は、この詩は今日お話ししようと思っていることとは関係ありません。むしろ、昨年、私のセミネールで神秘的な対象、もっとも隠された対象、すなわち視認欲動の対象についてお話ししたことと関係があります。

それはアラゴンの『エルザの狂人』の七三頁にある「対旋律」と題された短い詩です。

お前の面影《イマージュ》は空しく私に会いにやって来て
私の中に入ろうとするが、私はただお前の面影《イマージュ》を映し出しているだけ
お前は私の方に向き直るが、そのときお前が私の眼差しの壁の上に見つけるのは
私が夢見ているお前の影、ただそれだけ

私はまるで鏡のような不幸者
映し返すことはできても、見ることはできない
私の目は空っぽで、鏡のように
お前の不在に取り憑かれ、何も見えない

この詩を、あの中断されてしまった私のセミネールを、そして、不安と小文字の対象 *a* の機能について私が話していたことを思い出している人々の郷愁に捧げます。それらの人々は、いやそれらの人々こそ――思わせぶりな言い方ですみません――アラゴンが――アラゴンのこの素晴らしい本が我われの世代の好みを響かせていることを

誇りに思いますし、この詩を今も十分に味わおうとすると私は同世代の仲間たちのことを思い出さずにおれません――この詩の後に次の謎めいた一行を付け加えていることの味わいを感じ取ってくれることでしょう。「かつて、割礼へと導かれたとき、アン・ナディはそう言った」。

　昨年のセミネールをお聞きの人たちは、ここで対象 a のさまざまな形と「モワン・フィー（$-\varphi$）」の中心的・象徴的機能との対応関係がお解りになるでしょう。ここではその「$-\varphi$」は奇妙な言及、とはいえ決して偶然ではない言及によって語られています。つまり、アラゴンは作中人物である狂気の詩人の言葉を借りて、この「対旋律」の歴史的な含みに言及しているのです。

1

　ここには私の講義に初めて参加される人たちがいらっしゃることを私は知っています。その人たちはもう古くなった私の論文を読んでここにいらっしゃったのでしょう。その人たちに気づいていただきたいことは、これら初期の教育の意味を正確につかむために必要不可欠な座標軸の一つは次の点にこそ見出されるべきだ、ということです。つまり、みなさんは、みなさんのいるところからでは、実践家たちが自分たちの道具についてどれほどの軽蔑、あるいはたんにどれほどの無視へと至っているかを想像することはできない、という点です。彼ら実践家の目にこの道具の価値、つまり「パロール」の価値をもう一度明らかにするために、そして「パロール」にその尊厳を与え、「パロール」を、実践家の視線を余所に引きつけその裏づけを見つけさせるだけの無価値な言葉にしてしまわないために、何年にもわたる私の努力が必要だったことをお解りください。

そのために、私は少なくとも一時、何らかの言語哲学、さらにはハイデガーの哲学に取り憑かれている、とされてきました。実際は、それは予備的な参照にすぎなかったのです。私がここでこの哲学の場を借りて話すからといって、これから哲学者として話すわけではありません。

もう一つ別の攻撃目標を挙げるとすれば――この場合私はもっと気楽にそれを名づけることができるのですが――、それは概念の拒否とでも呼ぶ以外にないようなものです。だからこそ先日の講義の最後に予告したように、今日は、フロイトの主要な諸概念――その機能を果たすものとして私は四つ取り出しましたが――へとみなさんをご案内しようと思うのです。

フロイトの諸概念というタイトルで黒板に書いてあるのは、四つのうちの最初の二つ、つまり無意識と反復です。転移は――次回それについて話すことができればと思っていますが――我われをいくつかのアルゴリズムへと導きますが、それらのアルゴリズムは実践において、なかんずく分析技法そのものの実施という目的で提示されるべきである、と私は思ったのです。欲動については、それへの接近はいまだにとても困難で、実際のところまったく触れられていませんので、今年度は転移についてお話しした後で少し触れることぐらいしかできないと思います。

ですから今年度はただ分析の本質のみを見ることになるでしょう。特に、分析の中で教育分析の機能がどれほど深い問題性をはらんでいて、また同時にどれほど深く分析を支配しているかを見ることになるでしょう。その説明の後で初めて、欲動という概念に――この概念へ接近する際の不安定で危険な側面を過小評価することなく――今年度の最後に接近することができるでしょう。こうした歩みは、不完全な危うい拠り所を頼りに無理やりこの概念に近づこうとする人々の歩みとは対照的なものです。

黒板の「無意識」と「反復」の横にある小さな矢印はその横の疑問符に向かっていま

す。これは、概念というものに対する我われの考え方を示しています。つまり、概念というものはつねに、微積分法が形式として課すものと無関係ではない接近方法の中で成立する、という考え方です。実際概念は、それが把握すべき現実への接近によって形作られるとしても、概念が実現化を達成するのは、極限におけるある跳躍、ある乗り越えによってでしかありません。ですから我われは、無意識と呼ばれる概念的な錬成物がいかなる点で達成される——有限な量という形で——のかを説明することを要求されます。反復についても同じことです。

黒板のこの線の端に「主体」と「現実的なもの」というさらに二つの用語が書かれています。この二つの用語との関係によってのみ、先回立てられた問い、つまり、精神分析はその逆説的で奇妙なアポリア的様相にもかかわらず科学を構成するものと考えてよいのか、そこに科学たる希望はあるのか、という問いにはっきりした形を与えることができます。

さて、まず無意識という概念から始めましょう。

2

ここにいらっしゃるほとんどの方は、私が「無意識は一つのランガージュとして構造化されている」と言ったことはご存じでしょう。この定式はフロイトの時代に比べれば今日でははるかに接近しやすくなったある領野に関係しています。この定式を、確実に科学的な構想で具体化されたもの、つまりクロード・レヴィ＝ストロースが切り開き構造化し築いたあの領野、彼が「野生の思考」と名づけたあの領野によって説明しましょう。

すべての個人的経験、個人的推論以前に、さらには社会的要請に帰する以外にない集団的経験がそこに記入される以前に、なにものかがこの領野を組織化し、そこに最初の力線を引いたのです。このなにものかこそ、クロード・レヴィ＝ストロースがトーテムの機能の真理として示した機能であり、トーテムが持つ見かけ上の問題を取り除いてくれます。その機能とは始原的な分類機能です。

人間に固有な関係が成立する以前に、いくつかの関係がすでに決定されているのです。

それらの関係は、支えとして自然が提供してくれるすべてのものから得られます。支えとは、つまり対置というテーマにしたがって並べられた支えのことです。シニフィアンを――ここでいつものこの言葉を使わなくてはなりませんが――自然は提供しているのです。そして、これらのシニフィアンが諸々の人間関係を創始的な仕方で組織化し、それらの諸関係に構造を与え、形を与えるのです。

我われにとって重要なのは、考える主体、そこで自身を位置づける主体、そういう主体のいかなる形成よりも前に、何かが算え、何かが算えられ、その算えられたものの中に算えている人がすでに含まれている、そういう次元を我われはここで見ているということです。主体がそこで自らを認めなければならなくなるのは、つまり算えている人として自らを認めなければならなくなるのは、その後にすぎません。小さな子供が「僕には三人の兄弟がいる。ポールとエルネストと僕だ」と言うのを聞いて笑っている人の素朴な誤りを思い浮かべてみましょう。子供がこう言うのはまったく自然なことです。まず三人の兄弟、ポール、エルネストと自分が算えられます。最初の「私」、つまり算えている「私」のことを考えなくてはならなくなる次元が現れるのはその次です。

我われの時代は一つの科学が形成されつつある時代です。その科学は、人文科学と呼ぶこともできますが、すべての心理－社会学とはきっぱりと区別されるべき科学、すなわち言語学です。そのモデルは、前主体的な仕方で勝手にそれ自身の自発性に従って作動する順列組み合わせです。こういう構造こそが無意識にその境位を与えてくれるのです。要するに、無意識という用語のもとに形容可能な、接近可能な、そして対象化可能ななにものかがあることをこの構造が我われに保証しているのです。しかし、私が分析家たちに、彼らの考察に堅固な支えを提供してくれるこの地を忘れるな、と言うとき、それは、フロイトによって歴史的に導入された諸概念を私が無意識という用語のもとに置こうとしている、ということでしょうか。いや、私はそんなことは考えていません。無意識というフロイトの概念はそれとは違うのです。それを今日これからみなさんに把握していただきたいと思っています。

無意識は力動的な概念だと言うのでは十分ではありません。それでは、ある特殊な神秘をまったくありふれた神秘の次元で置き換えたにすぎません。力、これは不透明な場を示すのに一般的に使われるものです。ところで、今日私が依拠しようと思っているのは、原因の機能です。

こうして私が、哲学的考察という点からすれば、当たるべき莫大な文献を擁する地に歩を進めていることは承知しています。途方に暮れるほどですが、要は選べばよいのです。カントの『負量の概念』を読めば、原因という機能がすべての概念的な把握に昔から提供してきた裂け目についてきわめて詳細に捉えていることが解ります。でも、それだけをお話ししたとしたら、少なくとも聴衆の一部の人々は不満に思われるかもしれません。この論文の中で、カントはだいたい次のようなことを言っています。「理性の規則 Vernunftsregel」がつねに何らかの「等置 Vergleichung」、つまり、等価物であるとするならば、原因という概念は結局分析不能な概念である――つまり理性によって理解することは不可能である――ということ、そして原因という機能には本質的に何らかの「裂け目」――これはカント自身によって『プロレゴメナ』の中で用いられている用語です――が残されている、ということです。

原因という問題は昔から哲学者の悩みの種でした。原因という問題は、アリストテレスにおいて四つの原因の均衡が保たれているのを見て人が考えるほどには単純ではないのですが、今日はそのことをお話ししようとは思いません。私はここで哲学をしているわけではありませんし、このように哲学者をちょっと参照するだけでこの重責を果たせるとは思っていませんから。この参照はせいぜい、私が強調していることが何を言わんとしているかを感じ取っていただくためのものにすぎません。カントがいかなる様式のもとに原因という概念を純粋理性のカテゴリーの中に組み入れているとしても――正確にはカントは原因を諸関係の表の中に入れ、内属と相互性の間に置いているのですが――それでもなお原因は合理的に説明できるものにはなっていません。

原因は、連鎖の中で決定因となっているもの、言いかえれば「法」と同じものではありません。たとえば、作用・反作用の法則の中でイメージされるものを考えてください。そこにあるのは、ただひと続きのものです。一方がなければ他方もありません。何か物体が地に落ちて壊れたとしましょう。この物体の質量は、物体が落下の力から見返りとして受け取るものの原因ではありません。その質量は、物体に跳ね返りその効果によって物体のまとまりを分解するその力に統合されています。ここには裂け目はありません。あるとしてもそれは最後においてだけです。

それに対し、原因について語るときには、つねにそこに概念化に抗するもの、規定できないものがあります。潮の満ち引きの大きさの変化の原因は月の満ち欠けである、という言い方が今でもなされます。原因という言葉がよく使われるのはこういうときです。あるいは発熱の原因は瘴気である、という言い方もされます。これでは何を言っていることにもなりませんが、ここにもやはり、穴があります。間で何かが揺れ動いています。要するに、原因はうまくいかないものにしかないのです。

さて、フロイトの無意識がどこにあるかというと、それはまさに、私がこれからみなさんをそこへと漸近的に向かわせようとしている点にあるのです。その点においては、原因とそれが引き起こすものとの間に、つねに、うまくいかなさがあります。無意識が神経症を決定するということが重要なのではありません。この点についてフロイトはピラトのようにあえて自分では何も決定的なことは言いませんでした。いつか体液的な決定因が見出されるかもしれません。それはどうでもよいことです。フロイトにとっては、それが見つけられようと見つけられまいと、同じことです。なぜなら、無意識は我われに裂け目を示しており、その裂け目を経由して神経症はある現実的なものと——この現実的なものはもちろん決定されえませんが——繋ぎ合わされているからです。

この裂け目の中で何かが生じます。この裂け目がもしいったん閉じられたなら、神経症は治癒するのでしょうか。結局のところ、この問題は解決されないままです。フロイトが言うように、ただ神経症が別の新たな「瘢痕《はんこん》」に——時によってはたんなる欠損にすぎませんが——なるのです。もっとも、それは神経症の「瘢痕」ではなく無意識の

「瘢痕」ですが。こうしたトポロジーについて、私はとても巧みにみなさんにお示ししているとは思いません。時間がありませんから。しかし、私はそれにあえて飛び込みました。みなさんがフロイトのテクストを読むとき、ここで導入している諸々の用語がみなさんの道案内になってくれると思います。彼の出発点は何だったか、思い出してください。それは『神経症の病因』です。そして、彼は原因に特徴的な穴、割れ目、つまりあの裂け目の中に何を見出したのでしょうか。それは、「実現化されていないもの」という次元にあるなにものかです。

拒否ということが言われますが、これは先を急ぎすぎているようです。いつからか拒否ということが、自分が何を言っているか解らないままに、言われるようになってしまいました。無意識はまず、いわば「生まれなかったもの」の領域に宙づりのままになっているなにものかとして我われに現れます。抑圧がこの領域になにものかを流し出す、ということは驚くべきことではありません。それは堕胎屋(1)と辺土との関係です。

このような次元は、たしかに、非現実でも脱現実(2)でもなく実現化されていないものという領域においてこそ考えられるべきものです。この幼虫の地帯でなにものかを動かすことは危険なしというわけには決していきません。そしておそらく分析家の位置は——

彼が真にその位置にいるとすればのことですが――つねに日の目を見させることができたわけではないのに、人々に幼虫たちの世界を呼び覚ましてしまい、それらの人々に攻め囲まれるはめになる――「現実的に」と強調しておきます――といった位置でしょう。そこでは、すべてのディスクールが無害というわけではありません。私がここ一〇年来お話ししてきたディスクールもやはりそこでいくらかこうした効果を持ちます。公共のディスクールにおいてすら人々が主体を目指すのは無駄ではありません。人々が主体に触れるのは、フロイトが臍《へそ》と呼んだものにおいてです。彼はその主体の結局は知られることのないものの中心を「夢の臍」と書いています。これはまさに、解剖学上の臍がそうであるように、今お話ししている裂け目にほかなりません。

もっとも近い人へと差し向けられた公共のディスクールの危険、ニーチェはこの危険を知っていました。ある種のディスクールはもっとも遠くのものへと差し向けられるしかないのです。

実際のところ、今お話ししている無意識というこの次元は、フロイトが完璧に予告したごとく、「忘れ去られていました」。無意識は、第二、第三世代の分析家となった前向きな整形外科医たちの手によって、自らのメッセージを再び閉じこめてしまったのです。

彼らは分析理論を心理学化することによってこの裂け目を縫い合わせようと努めたのです。

私がこの裂け目を再び開くとすれば細心の注意を払わなくてはならないでしょう。

3

たしかに私は今この時点では、つまりこの時代においては、原因という領域の中に——この裂け目が生じる場所に——シニフィアンの法を導入できる立場にいます。しかしそれでもやはり、精神分析において何が問題かを知るためには、フロイトが無意識という概念を作り出そうとした時代の中にこの概念を思い浮かべてみる必要があります。精神分析において何が問題かを知ることは無意識という概念を極限の点にまで遡ることによって初めて可能となるのですから。

フロイトの無意識は彼に先行する無意識のさまざまな形——それらは彼の時代にもありましたし、今なお生き延びていますが——とは何の関係もありません。私が言おうとしていることは、ラランドの辞典を開いてみればお解りでしょう。フラマリオン社から四〇年ほど前に出版された本の中でドゥエルショヴェールが見事に並べていますから、それをお読みください。彼はその本で一〇個ほどの無意識の形を列挙していますが、それらのものからは誰も何も学ぶことはできません。それはただたんに、意識化されていないもの、あるいは意識化が少ないものを示しているにすぎません。心理学的なでっち上げの領野に至っては怪しげなものは数え切れないほどあります。

フロイトの無意識は、想像逞しく作られたロマンチックな無意識とはまったく違います。それは夜の神々の場などではありません。そういうものも、フロイトが目をつけた場とまったく無関係というわけではないかもしれません。しかし、無意識に関するこのようなロマンチックな用語の相続人であるユングがフロイトに遠ざけられたという事実は、精神分析が導入するのはそうした無意識とは違うものだということを十分に我われに示してくれます。エドゥアルト・フォン・ハルトマンが孤独な哲学者としての一生の間に造り上げたあのきわめてゴチャゴチャでチグハグな無意識がフロイトの無意識とは違う、と言うためにも、やはり慎重に進まなくてはならないでしょう。というのは、フロイトも『夢解釈』の第七章の註の中で、そのことに触れているからです。つまり、ハルトマンの無意識とは区別されるものを見出すためには、この註をさらに注意して読む必要があるのです。

原初的と考えられた曖昧な意図に多少ともつねに結びついているこれらすべての無意識に、つまり意識以前のなにものかにフロイトが対置したもの、それは、無意識の次元には主体の水準で起きていることとあらゆる点で等しい何かがある、という発見です。つまり、それは話し、またそれは意識の水準におけるのとまったく同じような錬成を経た仕方で機能するのです。こうして、それは無意識の特権と見えていた性質を失います。こう指摘することが今もなお多くの抵抗を呼び起こすことは承知しています。しかしこの指摘はフロイトのテクストのどの部分をとってもはっきり読み取れることです。この点については、『夢解釈』の第七章の「夢における忘却」と題された一節をお読みください。ここでフロイトが言及しているのはまさにシニフィアンの働きにほかなりません。

私は、このようなたくさんの言及を示すだけでは満足しません。フロイトが無意識の現象として第一に挙げた機能を私は一つひとつ示しました。夢において、失策行為において、あるいは機知において、まず我われの目をひくのは何でしょう。それはそれらが現れる際の躓きの様式です。

躓き、瓦解〔言葉の途切れ〕、ひび割れです。話された、あるいは書かれた文の中で、何かが躓いてしまうのです。フロイトはこれらの現象に目をひかれ、そこに無意識を探すことになるのです。そこでは、何か別のものが実現化されることを求めています。それは、意図的に見えながら、しかし、奇妙な時間性を持っています。この裂け目のなかで生ずるものが――「生ずる se produire」という語の十全の意味、つまり、自らを作り出すという意味で生ずるものが――「掘り出しもの」として現れるのです。フロイトの探索が無意識の中で起こることに出会うのはまずはこうしてです。

掘り出しもの、これは同時に一つの解決ですが、必ずしもそれはうまくいった解決ではありません。しかし、いかに不完全な解決であってもこの掘り出しものは、テオドール・ライクがきわめて見事に指摘した――フロイトはライクよりも前にすでにそのことをきちんと述べていますから、ライクはただ指摘しただけですが――あの特有な特徴で我われを感動させる何らかのものを持っています。つまり「意外さ」です。それによって、主体は自身が越えられていると感じ、自身が期待した以上であると同時に以下であるものを見出すのですが、しかしいずれにせよ、それは主体が期待していたものに比べれば破格な何かです。

ところで、この掘り出しものは、それが現れたときからすでに再発見されたものです。

おまけにそれはつねにまた新たに逃れようとするもので、喪失という次元を打ち立てます。

比喩を使わせていただくなら、二度見失われたエウリュディケ、これが、分析家オルフェウスと無意識との関係を表すものとして神話の中で挙げることのできるもっとも解りやすいイメージです。

ちょっと皮肉を付け加えるのを許していただくなら、その点でこそ、無意識は、愛における事情とはまったくの対極に見出されるのです。つまり、人は、愛がかけがえのないものであるということを知りながら、同時に、愛には「一人失っても代わりはいくらもある」という言い方がよくあてはまる、ということも知っています。

不連続性、これが現象としての無意識がまず第一に現れてくる本質的な形式です。この不連続性の中でなにものかが揺れとして現れるのです。この不連続性こそがフロイトの発見の道の中の絶対的な出発点という性質を持っているのに、その不連続性をその後分析家たちがみなそうしたように、全体性という基礎の上に据えてしまってよいのでしょうか。

「一」は不連続性に先行するのでしょうか。私はそうは思いません。私がこの数年教えてきたことのすべては、閉じられた「一」という要請を退けようとするものでした。閉じられた「一」とは、肉体を包む魂、つまりこの偽りの統一性が宿る有機体の一種の写し、そういう魂を考えるときにどうしてもつきまとう幻影です。無意識の経験によって導入される「一」、それは割れ目、線刻《トレ》、断裂の「一」であるという私の考えに、みなさんは同意することになるでしょう。

ここで「un」の知られざる一つの形、つまり「無意識 Unbewußte」の「無 Un」としての「un-」[3]が現れます。「無意識 Unbewußte」の限界点とは、「無概念 Unbegriff」です。ここで、「Unbegriff」というのは、非‐概念ではなく、欠如の概念という意味です。

基礎となるものはどこにあるのでしょうか。それは不在でしょうか。違います。むしろ断裂、割れ目、開口部の線刻《トレ》こそが不在を出現させるのです。つまり沈黙を基礎として叫びが現れるのではなく、叫びが沈黙を沈黙として出現させるのです。

この最初の構造さえしっかりと把握しておけば、みなさんは、無意識が問題になるときによく言われるような部分的な側面、たとえば無意識とはディスクールの乱れが欲望と結びつく水準に属する主体、歴史の中で疎外されたものとしての主体である、というような部分的な側面に屈服したりすることはないでしょう。みなさんもやがてお解りになるように、事態はもっと根元的であって、みなさんが無意識を位置づけるべきなのは、共時性の次元、一つの存在の水準、しかもすべてに関わりうるものとしての一つの存在の水準です。すなわち、無意識は言表行為の主体の水準で一つひとつの文にしたがって、一つひとつの叙法にしたがって再び見出される一方で見失われます。間投詞、命令文、祈願文、さらには言葉の途切れという形で、謎をかけ、話すのはつねにこの言表行為の主体です。つまり、フロイトが夢について言っているように、無意識の中で花開いているものすべてが一つの中心点のまわりに菌糸のように広がっていく水準です。決定されないものとしての主体こそがつねに問題なのです。

ラテン語の「忘却 oblivium」の「livium」は長音の「e」の「lēvis」です。そして、「lēvis」は磨かれた、平坦な、滑らかなという意味です。「oblivium」、それは何かを消すものです。何を消すのでしょう。シニフィアンそのものです。ここに根底の構造が再び見出されます。その構造こそが、操作的な方法で、なにものかが他のあるものに棒線を引いたり、それを消し去ったりする機能を果たすことを可能にしているのです。これは、のちにお話しする抑圧よりも構造的により根源的な水準です。ところで、この消去という操作的な要素こそが、フロイトが検閲という機能によってはじめから考えていたことです。

それは鋏でもって削除することです。ロシアの検閲とか、あるいはまたドイツの検閲です。ハインリッヒ・ハイネの『ドイツ読本』の最初を見てください。「某夫妻はこのたび喜びをもって、自由のように美しい子供の誕生をお知らせします」という文章の「自由」という語を検閲者ホフマン博士は消してしまいます。語のまったく物質的な意味での検閲というこの事実によって、この「自由」という語の効果がどのようなものになるかを問うこともたしかにできるでしょうが、それは別の問題です。しかし、まさにこの検閲においてこそ無意識の力動がもっとも効果的な仕方で現れるのです。

まだ十分に考察され尽くしたとはいえないあの例、フロイトが無意識の例証として持ち出した第一の例、つまりオルヴィエトの絵画を鑑賞した後に起きた「シニョレリ」という語に関する度忘れの例、記憶の躓きの例を再び取り上げてみましょう。このテクストそのものに、消失の、「押し下げ Unterdrückung」の、つまり下へと移行することの、隠喩ではなく、現実そのものが現れるのを目の当たりにすることができるのではないでしょうか。「Signor」「Herr」という言葉が下へと移行します。絶対的主人、いわば死

――それについてはかつてみなさんにお話ししました――がここで消え去っています。そしてまた、いったい何がフロイトに、父の死という神話の中に己れの欲望の制御を見出させているのか、このテクストの背後にはっきりと見て取ることができるのではないでしょうか。結局、フロイトは、ニーチェとともに、彼自身の神話の中で神は死んだと宣言することになるのです。おそらくこの二人の宣言は同じ理由に基づいているのでしょう。というのは、「神は死んだ」というこの神話は――私は、現代のインテリの大部分に比べればこの神話を確かなものだとは思っていませんが、しかしだからといって、それは、有神論や神の復活への私の信仰を示しているわけではありません――おそらく去勢の恐怖に対して見つけられた隠れ家にすぎないのですから。

読み取る術を心得ていれば、オルヴィエトの寺院の黙示録的なフレスコ画に去勢の恐怖を読み取ることもできるでしょう。あるいは、鉄道旅行中のフロイトの会話を読んでください。そこで話されているのはまさに性的能力がなくなることにほかなりません。フロイトの話し相手である医師、もっと正確に言えばその人の前でフロイトが「シニョレリ」という言葉を思い出すことができなくなったこの話し相手は、ふだん彼が患者として接しているその地域の人々にとって性的能力がなくなることがどれほど大変な事態であるかを、フロイトに話していたのです。

このように無意識はつねに、主体の切断の中で揺らいでいる何かとして現れます。この切断から掘り出しものが再出現してきます。フロイトはそれを欲望と同じものとしました。我われはさしあたり欲望を、主体が何らかの予期せぬ点で自らを把握する件のディスクールの裸のままの換喩の中に位置づけることになるでしょう。

何がフロイトに由来するか、何が彼と彼の父親との関係に由来するか、それを知るために、次のことは忘れないようにしましょう。つまり、フロイトはあらゆる努力の果てに、「女は何を望んでいるのか」という問いが自分にとっては謎のままであるという告白へと導かれた、ということです。この問いについてフロイトはある女性を相手に話しました。この問いはフロイトが決して解決することのなかった問いです。彼の女性との関係を見てください。それは、ジョーンズがそれに関して控え目に述べているように、尻に敷かれる、というものです。フロイトはもしヒステリー者という形をとった他者に身を捧げなかったとすれば、驚くほどの熱情的観念論者となっていたでしょう。

私は決められた時間、つまり一時四〇分にセミネールを終えることに決めましたが、お解りのように、これで今日、無意識の機能がどんなものかについての話が終わったわけではありません。

〈質疑応答は欠如〉

一九六四年一月二二日

訳註

（1）limbes　洗礼を受ける前に死んだ幼児がさまよう所。

（2）larve　霊の意味もある。「水子」のニュアンスが込められている。

（3）「un」はフランス語では「一」を意味し、ドイツ語では接頭辞として「無」「否定」を意味する。

Ⅲ　確信の主体について

存在するのでもなく、存在しないのでもなく
欲望の有限性
すり抜けるもの
無意識の境位は倫理的である
理論においてすべてがやり直されること
デカルト主義者フロイト
ヒステリー者の欲望

先回のセミネールでは、一つの裂け目の構造という形で無意識を導入しました。そのことによって聴衆の一人ジャック＝アラン・ミレールは、私の今までの著作の中から、欠如が持っている構造化する機能として彼が取り出したものを概観する機会を得たようです。大胆にも彼はこの構造化する機能を、私が欲望の機能について語ったときに存在

欠如と言い表したものへと結びつけました。

彼は、こうして概要を一覧した後――この概要は、少なくとも私の教えてきたことについてすでに何らかの考えを持っている人たちにとっては決して無意味なものではありませんでした――私の存在論について質問しました。

私は議論に割り当てられた時間内では答えることができませんでした。彼が存在論という言葉でどういうことを言おうとしていたのかを、まず彼からはっきりと訊き出しておけばよかったと思います。とにかく、私がその質問は的外れだと思っているなどと、彼が考えなければいいのですが。それどころか、この裂け目において問題なのはまさにある種の存在論的機能なのですから、彼は的確に質問したと言ってもいいでしょう。私はこの裂け目を通してこそ、無意識の機能を――それがもっとも重要だからですが――導入すべきだと考えたのです。

1

無意識の裂け目、それを我われは「前存在論的」と言うことができるかもしれません。

私は、無意識の最初の出現が持つ、とかく忘れられがちな——その忘れられ方そのものにすでに意味がありますが——ある性質を強調しました。その性質とはそもそも存在論に適さないという点です。実際、まずはフロイトに、そして発見者たちに、つまり最初の一歩を踏み出した人々に示されていたこと、さらに今もなお、分析において少しでも無意識の次元に固有のものに焦点を合わせようとしている人々すべてに示されていること、それは、無意識は存在するのでもなく、存在しないのでもなく、実現されない《ノンレアリゼ》ものに属している、ということです。

私は辺土の機能についてお話ししました。同じように、グノーシス派の教義の中で中間的存在と呼ばれているもの、たとえば空気の精や大地の精、さらにはもっと高度な形態のさまざまな曖昧な仲介者たちについてお話しすることもできたでしょう。また、フロイトがこの世界を動かしはじめたとき唱えた詩句、「天の神々を動かす能はずば、冥界を動かさん」のことも忘れないようにしなくてはなりません。フロイトがこの詩句を口にしたときには、それは不安な重苦しさを帯びていたようですが、その脅威も六〇年の分析経験の後にはきれいさっぱり忘れ去られてしまっていることは注目に値します。地獄への開けとして告げられたことが、その後すっかり毒気を抜かれてしまったのです。

しかし、下方の世界への開けとしてかくも決然と登場したものが、ごく稀な例外を除いて、その当時存在したあらゆる超心理学的研究――フロイトの発見当時よりは少なくなっていますが、今も存在しています――とは決して本気で手を結ばなかった、ということもまた示唆的です。超心理学的研究や、さらにはいわゆる交霊や降霊や霊媒、そしてテレパシーの証拠を跡づけようとするマイヤーズのゴシック心理学などと、です。

もちろん、フロイトは時にはこのような事実に、つまりそうしたことで彼自身に起こりえたことや分析経験の中で得られたことにも触れています。しかし、彼の理論化が合理的で、知的に洗練された還元の方向でなされていることは明らかです。ですから、「プシ（Ψ）」現象と――消毒のためにはきわめて有効な仕方で――呼ばれていたものに今日分析家の仲間内で結びつけられているものなどは、例外的でばかげた事柄と見なしてかまわないでしょう。たとえば、セルバディオといった人の研究のことを言っているのです。

たしかに、分析経験が我われを導いたのはこうした方向ではありません。我われの無意識の探求の成果は、逆にある種の乾燥、押し葉への還元とでも言うべき方向へと向かっています。そして、その標本作りは根拠のある目録となった領域、あるいは、できうるかぎり自然なものであろうとする分類に限られています。たとえ、伝統的心理学の領野で、人間の欲望に刻まれた何らかの神聖なものの刻印を見て、人間の欲望の御しがたさ、限りなさのことがよく言われているとしても、分析の経験から言えることはむしろ、欲望の機能は有限である、ということです。欲望は、あらゆる他の人間の可能性以上に、どこかで限界に出会うものです。

これらのことすべてについてはもう一度取り上げますが、ここで私は「快」と言ったのではなく「欲望」と言ったということをはっきり指摘しておきます。快は人間の可能性の範囲を限界づけるものです。つまり、快原理はホメオスタシスの原理だということです。欲望もまたその輪郭、その定められた関係、その限界を見出しますが、この限界との関係においてこそ、快原理によって課せられた敷居を越えて、欲望は欲望として自らを保つのです。

フロイトは自ら大洋的な希求として指し示したものを宗教的な感傷に属するとして拒否していますが(1)、それはフロイトの個人的資質に由来するものではありません。我われの経験からも、このような希求は幻想へと還元すべきであり、フロイトが宗教について錯覚と呼んだものの位置に据え直さなくてはなりません。我われの経験はもっと他のところに確固とした根拠を持っているのです。

無意識の機能における存在的なもの、それは割れ目であり、その割れ目を通してなにものかがほんの一瞬日の目を見るのです。我われの領野におけるこのなにものかはごく短い出来事のようです。それは一瞬です。というのは、閉鎖の時である次の瞬間にはこの把握は消滅という様相を呈するからです。これまでは状況上の理由から避けるしかなかったこの問題も、今では一歩踏み込めないわけではないのですが、この点については後にまた取り上げるつもりです。

厄介な状況についてはみなさんご存じですね。時間の機能に関する我われの技法的習慣が――いずれ検討しなくてはならない理由のために――微妙な問題になっていたために、我われの学問分野以外でも至る所に見られるきわめて本質的な区別をここで導入しようとして、私も多少とも自己弁護的にならざるをえなかったようです。

無意識を定義しようとすると――フロイトがそれについて述べたことだけを拠り所にしますが、フロイトは一次過程に関してそれを試みに少しずつ使ってみることしかできませんでしたから、どうしても近似的な述べ方になっています――無意識において起きていることには、矛盾も、空間的・時間的位置づけも、さらには時間の機能すらも無関係であることが明らかになります。

さて、欲望というものは、過去のあるイメージについて保持しているものをただ近くて限られた未来へと運ぶだけのものにすぎないのに、それでもフロイトは欲望を「不滅」だと言っています。この不滅という言葉が、もっとも一貫性を欠いた欲望という現実に関して断言されているのです。不滅の欲望が時間を免れるとするなら、いったいそれは事物の次元の中のどの領域に属しているのでしょうか。というのは、事物とは、ある程度の時間持続し、同一であるもの、と言う以外に言いようがないからです。ここにこそ、事物の持続、事物の実質という性質とは別に、他の様式の時間、つまり論理的時間を区別しなくてはならない理由があるのではないでしょうか。私がすでにこの問題について書いたことがあることはみなさんもご存じでしょう(2)。

ここで我われは、先回触れた割れ目の開閉機能という区切られ《スカンデ》た構造を再び見出すことになります。論理的時間の始まりと終わりという二つの点、つまり見る瞬間と——そこにおいてつねになにものかが直感から逃れ、失われます——、すり抜ける瞬間——そこでは無意識の把握は完遂せず、つねにルアーをつかまされることになります——、この二つの契機の間に、消滅しつつ出現が生じるのです。

それゆえ、無意識は存在的にはすり抜けてしまうものです。しかし、我われは無意識を一つの構造のうちに、一つの時間的構造のうちに囲い込むに至りました。時間的構造について、これまでこのように言い表されたことはなかったと言っていいでしょう。

2

フロイト以後の分析経験がこの裂け目に現れてくるものに対して行ってきたのは、結局、歯牙にもかけないということでした。人々は、そこから出てくる幼虫たちを、『夢解釈』という転回点でフロイトが用いた譬えに倣って言うなら、「血で養う」(3)ことをしなかったのです。

我われは他のことに関心を向けてきました。私が今年度みなさんにお示ししようとしているのは、いったいどのような道を経て我われのこの関心の移行がつねに分析におけるいくつかの構造を取り出す方向へ向かってきたか、ということです。それらの構造については、せいぜい預言者のように語られるだけで、うまく語られることはありません。分析経験に基づいた分析家たちの最良の理論的証言を読んだときでさえ、ほとんどの場合説明になっていないという気持ちにさせられます。適切な時期にそのことをお話ししたいと思いますが、それはおそらく我われの分析経験のもっとも重要な点、その核心、つまり転移について取り上げるときになるでしょう。転移については、まるで断片的なものからひじょうに明晰なものまで、雑多な理論が、まったくの混乱状態のまま共存しています。

これこそ、私が転移の問題へ一歩一歩ゆっくりと進んでいく理由です。というのは、みなさんのために論じなくてはならない事柄、つまり無意識や反復などについても、他の人たちなら転移の水準でこれらを取り上げ、問題はそのことだ、と言うからです。たとえばありふれた言い方として、転移とは一つの反復だ、と言われます。私はそれが間違いだとか、転移においては反復がない、などとは言いません。また、フロイトが反復を取り上げたのは、転移の経験を論じたときでなかった、と言っているわけでもありません。私が言いたいのは、反復の概念は転移の概念とは何の関係もないということです。だからこそ、私は、まず先に反復の概念を検討し、論理的な一歩をこの概念に与えなければならないのです。というのは、時間の順に辿るとかえって反復の概念がいっそう曖昧になると思われるからです。反復の概念が曖昧なのは、そもそもこの概念は転移の経験を手探りで探求している途上で発見された、ということに由来しています。

ここで私は、みなさんがいかに驚かれるとしても、次の点を指摘しておきたいと思います。それはつまり、無意識が存在としてかくもすり抜けやすく、堅固でないのは、その発見者の歩みがそのような存在の境位を無意識に対して与えているからだということです。

無意識の境位は存在的な水準ではひじょうに脆弱であると指摘しましたが、無意識の境位は本来倫理的なものです。真理を渇望するなかでフロイトはこう言っています。「事情はどうあれ、ともかく、進まなくてはならない」と。なぜなら、どこかにこの無意識が現れているからです。しかも、フロイトはこの言葉を、それまで医者にとってはもっとも拒否され、もっとも覆い隠され、もっとも包み込まれ、もっとも排斥されてきた現実、つまりヒステリー者の現実、いわば起源において欺瞞という刻印を押されたヒステリー者の現実を経験するなかで言っているのです。

もちろんこのことは、この最初の歩みが我われを導いた領野で、つまり発見者フロイトの「彼の地こそわが民を連れゆかんとする地」という言葉に示される不連続性が我われを導いた領野で、我われに数多くの別の事柄をもたらしました。この領野に置かれてきたものは、長い間、起源における彼の発見の特徴、つまりヒステリー者の欲望という特徴を帯びているように見えていました。しかし、やがてまったく別のことが必要になってきました。ここでもまた、後になってつねに遅れて定式化される別のことが、それがすでに発見されていたものであるというかぎりで必要となったのです。つまり、理論化がなされたのは、その前に発見されていたことに対してだけだということです。そのために、ヒステリー者の欲望に関することも含めてすべてがやり直されなくてはなりませんでした。だから、無意識の領野で起きていることに関するフロイトの立場の本質をここで取り出そうとするならば、いわば過去へ向かって跳躍することが必要となるのです。

フロイトのここでの歩みが倫理的だと私が言うのは、決して印象に基づいてのことではありません。つまり、なにものにもたじろがない学者フロイトの例の勇気のことを言っているのではありません。もっともこのイメージにしても、他の英雄たちと同様、多少割り引く必要があるでしょうが。ここで私が無意識の境位は存在の水準にではなく、倫理の水準にあると定式化するのは、フロイト自身が無意識の位置づけをする際にそのことを十分前景に置いていなかったからにほかなりません。また、彼を駆り立てた真理への渇望について私が言ったことも、ここでは彼の情熱の在り処の手がかりを探求する歩みのたんなる一指標にすぎません。

フロイトは、『夢解釈』の最後の章をあの夢の紹介から始めたとき、この領域に関する無意識の綾の脆弱性を十分に知っていました。この夢は、この本の中で分析された他のすべての夢と比べても特別な位置にあるものです。それは、もっとも不安に満ちた神秘をめぐって宙づりにされた夢、つまり父親を傍らの死んだ息子の遺体へと結びつける夢です。眠りに引き込まれた父親は、息子の姿が立ち現れて彼に「ねえお父さん、見えないの、僕が燃えているのが?」と言うのを見ます。そしてそのとき、息子は現実の中で、隣の部屋で燃えているところだったのです。

この夢について、夢は欲望の映像化であるとする理論をどうして主張することができるのでしょうか。この例においては、照らし出す炎の中で、夢見る人を眠りから覚まさせているように見えるのは、まさに夢になぞり取られたかのような現実なのですから。この夢が現れたのは、彼岸の世界にほかならないある神秘を我われに喚起するため、つまり「ねえお父さん、見えないの、僕が燃えているのが?(4)」と言いにやって来るこの子供と父親が分かち持つ何らかの秘密を我われに喚起するためではないでしょうか。何にうずいているのでしょうか。我われは、フロイトのトポロジーが示している他の場所でそれが描かれているのを見るのですが、それはフロイトがエディプス神話と重ねたハムレット神話の亡霊がもたらしている父の罪の重みにほかなりません。父、〈父の名〉は法の構造でもって欲望の構造を支えていますが、父が遺すもの、それは、キルケゴールが我われに示しているもの、つまり父の罪です。

ハムレットにおける亡霊はどこから現れるのでしょう。自身の罪のために不意打ちされ殺されたと亡霊が告げるその場所からにほかなりません。亡霊はハムレットの欲望を存続させる〈法〉によるいくつかの禁止をハムレットに与えてはいないのですが、むしろ重要なのは、このあまりに理想的な父に対する深い疑いです。

さきほどの夢の例では、すべてが手の届くところにあり、表に現れています。フロイトはいわば、この夢を活用するのではなく、それをただじっと見つめ、その重みを計り、味わっていることを我われに示すためにそこに置いているのです。フロイトは、このもっとも魅惑的な点から我われを迂回させ、夢の忘却や、患者による夢の伝達の価値に関する議論へと導きます。この議論全体は、強調しておくべきいくつかの言葉をめぐってなされています。

もっとも重要な言葉は、実は、真理という言葉ではありません。それは、「Gewißheit」すなわち確信という言葉です。フロイトの歩みは、それが確信の主体という基盤から出発しているという意味で、デカルト的です。問題は、人は何について確信しうるかということです。その目的のために第一になすべきことは、無意識の内容がどんなものかを含意するものすべてを乗り越えておくことです。とりわけ、夢の経験から無意識の内容を現れさせようとする場合にはなおさらです。つまり、至る所に漂い、夢を伝えるすべてのテクストに句読点を打ち、汚し、ぼかしてしまうものを乗り越えておくことです。つまり、「確かではありません、どうも疑わしいです[5]」といった言葉です。

実際、体験されたことと報告されたこととの間に明らかに断絶があるとき、夢の伝達について疑いを持たないでいることが誰にできるでしょうか。

さて、疑い、フロイトはこの点を最大限に強調しているのですが、それがフロイトの確信の支えです。

疑いこそがフロイトを動機づけています。まさにそれこそが、隠しておかなくてはならない何かがあることの印である、と彼は言います。つまり、疑いは抵抗の印なのです。

しかしながら、フロイトが疑いに与えた機能は曖昧なままです。というのは、この隠しておかなくてはならないものは、同時に姿を現さなくてはならないものでもありうるからです。なぜなら結局のところ、現れてくるものは、すぐにばれてしまうようなかつらや髭をつけて「変装 Verkleidung」してしか現れてこないからです。しかし、いずれにせよ、私が強調したいことは、デカルトとフロイトという二つの歩みが接近し、重なるような点があるということです。

デカルトは、「我、疑うことによりて、思うことを確かとす」と言っているのです。私としては、彼と同程度の慎重さの言い方に留め、「思う、ゆえに我あり」と言うでしょう。こう言っておけば「我思う」についての議論を避けることができますから。ついでながら、私は「我思う」を避けることによって、この「我思う」が暗に我われにこれを「言う」ことによって初めて定式化される、という事実からたしかに切り離せないこと――デカルトが忘れていたのはまさにこのことです――、そのことから生じてくる議論を避けている、という点に注意してください。それについては、今のところは保留しておきましょう。

まったく類比的な仕方で、フロイトは、彼が疑いを持つそのときに――というのは結局それは「彼自身の」夢ですし、最初に疑うのは彼だからですが――何らかの無意識の思考がそこにあるということを確かだとしています。ということはつまり、無意識の思考は不在として現れてくるということです。彼は他者と関わるとすぐに「我思う」をこの不在の場所に呼び寄せます。主体が姿を現すことになるのは、この「我思う」を通してです。要するに、フロイトは、わずかなりとも彼の代わりに誰かが思うならば――ここに飛躍がありますが――、彼の「我あり」すべてに関わるこの思考がそれだけでそこにあるということを確かだと思っているのです。

ここにフロイトとデカルトの間の非対称性が現れます。主体に基づいた確信という最初の歩みに非対称性はありません。非対称なのは、この無意識の領野こそが主体の本拠地であるという点です。そしてフロイトが主体のそのような状態に確信の根拠を置いたために、世界が変えられるような進展が生じたのです。

デカルトにとっては、出発点が「コギト」であるという点において――デカルト主義者は私をこの点に引き戻すかもしれませんが、私はこの点をこそ議論に供しようとしているのです――「我あり」へと翻るものとしての「我思う」が目指すもの、それは一つの現実的なものです。しかし、真実は相変わらず外部に留まっていますから、次にデカルトは確かめなくてはなりません。何を、でしょうか。騙すことのない〈他者〉、さらに言うと、それが存在するというだけで真理の基盤を保証することのできる〈他者〉、彼が確かめたばかりのその現実的なものそのものによって真理の次元を見出しうるために必要な基礎が彼自身の客観的理性のうちにあることを彼に保証することのできる〈他者〉を、確かめなくてはならないのです。私にできるのはただ、このように真理を〈他者〉の手に委ねてしまったことから帰結する驚くべき点を指摘することだけです。ここではこの〈他者〉とは、真理を司る完全な神です。なぜなら、この〈他者〉が何を言おうと、それはつねに真理であるはずだからです。たとえ神が二足す二は五と言ったとしても、それは真だということになるでしょう。

このことは何を意味するのでしょうか。それは、幾何学を解析学へと変える代数記号を用いた操作がやがて始まるということであり、集合論への扉が開かれたということであり、さらにはすべてが真理の仮説として認められうる、ということです。

しかしそのことは措いておきましょう。我われの主題ではありませんから。ただ、主体の水準で始まることは必ずや大きな影響をもたらすということを知っていれば十分でしょう。もっとも、この主体という言葉が何を意味するかを知っていれば、の話ですが。

デカルトはそれを知らなかったのです。デカルトは、それは確信の主体であり、あらゆる先行する知を拒絶することであるということしか知らなかったのです。しかし我われは、フロイトのおかげで、無意識の主体が現れ、確信に至る以前に、それが考えるということを知っています。

我われはそれを背負わされています。それはまさに我われの苦境です。しかしいずれにせよ、それは今や、それが課す問いについて、我われが拒否することはできないような一つの領野なのです。

3

主体の相関者はもはや騙す〈他者〉ではなく、騙される〈他者〉である、ということをここで強調しておきたいと思います。そして我われはそのことに、分析経験に入っていけばただちにもっとも具体的な仕方で触れることになります。主体がもっとも恐れていること、それは我われ分析家を騙してしまうこと、誤った道へ導いてしまうこと、あるいはもっと端的に、我われが騙されることです。というのは結局のところ、我われの姿を見れば我われも世間の人々同様騙されることのある人間だ、ということはまったく明らかだからです。

さて、そのことでフロイトは困りません。なぜなら――これこそ我われが理解しておかなければならないこと、とりわけ夢の忘却に関するこの章の最初の一節を読む場合に、理解しておかなくてはならないことですが――諸記号は重なり合うものであり、すべてを考慮に入れなくてはならず、己れを知ろうとするあらゆる評価のスケールから、すなわち確かなことと確かでないことの「見積もり Preisschätzung」から自由で――フロイトは「frei machen」と言っています――なくてはならないからです。なにものかが領野に入ってきていることを示す指標に対して、たとえそれがどんなに小さなものでも、我われは主体の痕跡としてはいつも同じ価値を与えなくてはならないのです。

後になってフロイトは、有名な女性同性愛者の報告(6)の中で、その患者が見た夢について次のように批判するであろう人々を想定して、笑っています。「しかしそれでは、最高の真実、神の真理へと我われを導いてくれるはずの例の無意識は――皮肉って批判者は言っているのですが――どこにあるのですか。ほら、あなたの患者はあなたのことを嘲っているのですよ。なぜなら、彼女は、周囲の人たちが彼女に願ったように、男が好きになったとあなたに思わせるために、分析の中でわざとその夢を見たのですから」。

これではまったく反論になっていないとフロイトは考えます。彼は「無意識は、夢ではない」と言います。そのことで彼が言おうとしているのは、無意識は騙す方向で働くこともあるのだから、そのような議論は彼にとって何ら反論としての価値を持たないということです。実際、どうして嘘という真理がありえないと言えましょう。この嘘という真理のおかげで、例のパラドックスとは逆に、「私は嘘をつく」と断言することが完全に可能となるのです。

ただ、フロイトは、このときには、ヒステリー者の欲望の対象についても、同性愛者の欲望の対象についても、それが何であるかを正しく定式化することができませんでした。そのために、あの女性患者であれ、この女性患者であれ、ドラであれ、例の女性同性愛者であれ、彼女らを前にしてフロイトには手に負えなくなって、治療は中断したのです。解釈についても、フロイト自身まだ自信が持てず、いささか早すぎたり、遅すぎたりで、ぴたりとはいきませんでした。フロイトはその頃、私が今ここでみなさんのために取り出したいと思っている構造的特徴を知らなかったために、ヒステリー者の欲望とは父の欲望を担うことであり、ドラの場合も代理人を介して父の欲望を担うことであったということを、症例報告にははっきりと現れているのに、まだ見て取ることができませんでした。

ドラは、K氏の妻である女性と父との情事を見て見ぬふりをしていたために、K氏がドラに言い寄ることを許してしまいました。それはまさに、男の欲望こそを彼女が担わなくてはならないような、そういうゲームです。彼らのうちの一人であるK氏がドラに「あなたには興味がない」という言葉ではなく「妻には興味がない」という言葉を言ったとたんに、ドラは絶縁の平手打ちを食らわせますが、この行為への移行もドラにとっては、この第三の要素との結びつきが保持されていなくてはならないことを示しています。そして、この第三の要素のおかげで彼女は、不能であるがゆえに彼女が大目に見ている父の欲望にせよ、〈他者〉の欲望というかぎりで実現されることの不可能なドラ自身の欲望にせよ、いずれにせよ、満たされないままに存続させることができるのです。

同様に、ヒステリー者の経験の中に根差すものとして取り出した「人間の欲望は〈他者〉の欲望である」という定式を正しい水準に据えるために言い直すとしたら、女性同性愛者は父の欲望にこれとは別の解決を見出している、つまり父の欲望に挑戦するのだ、と言うことができます。症例報告をもう一度読んでください。そうすればこの娘のすべての行動が、明らかに挑発的特徴を持っていることがお解りになるでしょう。彼女は、町で見かけた玄人の女につきまとい、あれこれと健気に尽くすことをやめようとはしませんでした。ところがある日、彼女は父親に出会うと——彼女が父親の眼差しの中に見たものは、彼女が父親の面前で繰り広げていることに対する忌避、軽蔑、破毀だったのですが——突然、鉄道の陸橋の欄干を乗り越えて飛び降りました。もはや彼女は文字通り自分を消し去ることによってしか自身の引き受けてきた機能を、つまり父親に対していかに自分がある女性のために捧げられた抽象的・英雄的な唯一のファルスであるかを示すという機能を、維持することができなかったのです。

この女性同性愛者が、フロイトを騙しつつ、夢においてなしたこと、それもまた父の欲望に対する挑戦です。「あなたは私に男を好きになってほしいと思ってますね、ではお望みなだけいくらでも男を愛する夢を見てさしあげましょう」。これは嘲りという形での挑戦です。

こういう導入を詳しく述べたのは、この主体——もちろんここでの主体とは無意識の領野に関わる主体ですが——をめぐるフロイトの歩みがどのようなものであったかをお解りいただくためにほかなりません。こうすることによって私は、真理の探求との関連で確信の主体の機能を明確にしたのです。

次回は反復という概念を取り上げ、それについてどう考えるべきかを問いましょう。さらにフロイトが、失望させるものとしての経験を一つの現実的なものと結びつけているのは反復、つまり幻滅の反復によってであることがお解りになるでしょう。この現実的なものはそれ以後科学の領野では主体が取り逃がすべく運命づけられたものとして、しかしこのように取り逃がすということの中でこそ明らかになるものとして、位置づけられることになるでしょう。

質疑応答

X氏——論理的時間と、事物の実質的時間とは同じものではないのですか。

論理的時間は三つの時間から成り立っています。まず第一に「見る瞬間」があります。これは「洞察 insight」という知的操作の心理学的経験においてはかなり正確に定義されているとはいえ、神秘的なところがないわけではありません。次に、「理解のための時間」があります。最後に「結論の時」が来ます。これは、ただこれまで言ったことのおさらいにすぎません。

論理的時間がどのようなものであるかを理解するためには、最初にシニフィアンの組が与えられているという事実から出発しなくてはなりません。そのことを押さえたうえで、後に見るように、反復の機能のために必要となる二つの言葉が導入されなくてはなりません。つまり、「恣意的なもの Willkür」と「偶然 Zufall」という言葉です。(7)

このように、フロイトは夢の解釈について、どのような帰結が書き写す際の偶然であり、どのような帰結が比較する際の恣意的なものであるか——つまりどうしてこれを他の何よりもそれと結びつけるのかという問題——を考察しています。フロイトはこうして我われを、現代における諸科学の発展が立てる問いの核心へと導いているのです。というのはつまり諸科学は、何について我われは偶然に基礎を置くことができるのかを示しているからです。

実際、確率の計算にせよ、戦略の計算にせよ、最初に状況の限定された構造化、しかもシニフィアンによる構造化を含まないかぎり、なにものも偶然に基づくことは不可能です。現代のゲームの理論が、二者の対決の戦略を計算する際には、互いに相手のように推論するという条件のもとに、それぞれが最大の勝つ確率で対決するだろうということで、計算します。このような操作が意味を持つのはどういう場合でしょうか。それは、すでにカードが配られ、問題に関するシニフィアン的目印の点が印され、解決法がその点を決して越えない、という場合です。

さて、無意識に由来するものについて、フロイトは、耳に入ったことすべてを純粋シニフィアンの機能に還元する、ということをしています。このような還元をして初めて、無意識に由来するものが作用し、結論の時、つまり判断し結論をくだす勇気を感じる時が出現しうるとフロイトは言います。それこそが、私がフロイトの倫理的証言と呼んだものの一部をなすものです。

分析経験を通して次にフロイトに解ってきたのは、患者を前に確信のなさ、抵抗、治癒の拒否といった諸々の限界にぶつかる、ということです。想起にはいつも限界が伴います。そして、ひょっとすると、分析以外の方法でより完全な想起が得られるかもしれませんが、そのようなやり方は、治癒のためには役立ちません。

ここでは、想起と反復というこの二つの方向の射程を区別しなくてはなりません。その一方から他方へは、時間的方向性も可逆性もありません。たんに、これらにはまったく可換性がないのです。想起から始めて、反復の抵抗へと関わるようになるのと、反復から出発して、想起の手がかりを得るのとは同じことではありません。

そのことから解ることは、ここでの時間の機能は論理の次元に属するものであり、現実的なもののシニフィアン化と結びついているということです。この非可換性は実際、シニフィアンの領域にのみ属する一つのカテゴリーです。

我われは、ここで、それを通して無意識の次元が現れてくるその当のものを捉えることができます。フロイトは、それを何に付託しているのでしょう。それに対応するものは何でしょうか。のちに、フロイトは、反復の機能を詳しく検討することで、第二〔局所論の〕段階において、そのことを解決するに至りました。いずれ我われは、アリストテレスの『自然学』を参照しながら、反復の機能がどのように定式化できるのかを見ることになるでしょう。

P・コフマン――あなたは去年、不安は騙さないものであると定式化しました。この言葉と、存在論や確信との関係をお教えください。

不安は分析にとって不可欠の参照項です。というのは、実際不安は騙さないものだからです。しかし、不安が欠如するということはあります。

分析経験においては、不安の水捌けをよくして、いわば、不安を適量配合して、すっかり不安に浸ってしまわないようにすることが必要です。この難しさは、主体と現実的なものを結びつける際の難しさと関連したものです。次回は、私の弟子の多くに根強く残っているこの現実的なものについての曖昧さを振り払うために、この現実的なものという言葉を明確にしたいと思います。

分析家は、いったい何に基づいて、患者の無意識で起こっていることはこうだと認めることができるのでしょうか。フロイトは、真理の場を明確に位置づけようと──私は、無意識の形成物の研究を通して真理というものをみなさんに示しました──ある種のシニフィアンの区切り法《スカンシオン》に訴えました。このように区切り法《スカンシオン》に訴えることを正当化するのは、現実的なものへの参照です。しかし、少なくとも言えることは、現実的なものは容易にフロイトの手に落ちなかったということです。『狼男』の例を見てみましょう。フロイトの著作の中でこの症例報告が例外的に重要なのは、幻想の次元が機能するのは現実的なものとの関係においてである、ということを示しているからです。現実的なものが幻想を支え、幻想が現実的なものを保護します。この関係を解明するために、次回はスピノザの考えを取り上げることにしましょう。しかし、その際、現実的なものという属詞の代わりに別の言葉を用いることにしましょう。

一九六四年一月二九日

訳註

(1)「文化の中の居心地悪さ」嶺秀樹・高田珠樹訳、『フロイト全集20』岩波書店。

(2) J. Lacan, "Le temps logique et l'assertion de certitude anticipée", *Écrits*.「論理的時間と予期される確実性の断言」佐々木孝次訳、『エクリⅠ』弘文堂。

(3)『オデュッセイア』からフロイトが引用した譬え。「夢解釈Ⅰ」(新宮一成訳、『フロイト全集4』岩波書店、三二三頁)と「夢解釈Ⅱ」(同訳、『フロイト全集5』岩波書店、三四七頁の註)で用いられている。

(4) 原文では、「燃えている」と次の文の「うずいている」のいずれにも、両方の意を合わせ持つ仏語の brûler が用いられている。

(5) 自分が語った夢内容にはっきりしない、明確でない部分がある、という意味。

(6)「女性同性愛の一事例の心的成因について」藤野寛訳、『フロイト全集17』岩波書店。

(7)「夢解釈Ⅱ」新宮一成訳、『フロイト全集5』岩波書店、三一四頁。

Ⅳ　シニフィアンの網目について

無意識の思考
疑いのコロフォン
主体の転覆
反復への導入
現実的なものとはつねに同じ場所へと戻ってくるものである

いわゆるウィンタースポーツに出かけることは今やすっかり習慣になっていますが、私もそのようにして休暇を過ごすために恒例としてこのセミネールを二回お休みにしてきました。ところが今年は、みなさんにお伝えしておきますが、嬉しいことに雪がなくて出かけずにすみそうです。

そのことによって偶然ある別の出来事が起こりました。その出来事をここにいらっしゃるたくさんの方々にお知らせできるのは幸せです。旅行社へ解約の手続きに行ったところ、私はとても感謝されたのです。というのは、その旅行社は「フランス精神分析協会」の八人のメンバーから旅行の申し込みを受けていたからです。

この出来事をみなさんにお知らせできるのは大変嬉しいことと言わざるをえません。なにしろこの話はいわゆる真の善行、つまり福音書が述べている「左手は右手のすることを知らずにいるべし」という言葉にかなう行いですから。

ですから、おもだった八人の教育指導者が今ロンドンにいて、私の教育の効果に対抗する手段を議論しています。これはまことに賞賛すべき心遣いです。フランスの「協会」は自分たちのメンバーのためならいかなる犠牲ものともしません。我われは、我われのやっていることに興味を持ってわざわざやって来てくれる人々には、その費用を負担するのを習慣にしていましたが、おそらくイギリスの「協会」はこの八人の費用を持ってはくれないでしょうから。

おそらくは彼らのこの遠征との関係で生じた私のちょっとした苛立ちの兆しを、感謝の歌でかき消すために、このことをみなさんにお知らせすべきだと思ったわけです。

1

先々回は無意識という概念についてお話しし、無意識の真の機能はまさに「無概念 Unbegriff」の機能、言いかえれば、原初的「無 Un」――つまり切断――の「概念 Begriff」の機能と、始原的、創始的に深く関わっているということを申し上げました。

この切断を私は主体の機能そのものと、つまりシニフィアンそれ自体との間に構成的な関係を持つ主体の機能そのものと深く関連づけました。

無意識を問題にしているのに私が主体を引き合いに出したことは、いかにも意外なことに思われたでしょう。しかしこれらすべては同じ場で、すなわち主体という場で生じているということをお解りいただけたと思います。もっとも、この主体という場こそが科学をそれまでとはまったく異なる方向、とりわけニュートン以来の方向へと向かわせた支点でした。ですから、この主体という場は、始原の確信の基礎を一点に還元するデカルトの経験においては、アルキメデスの支点の価値を持っていたわけです。

これまでの話の中で私はたえず、無意識の持ついわゆる「拍動的」な機能、無意識にとっていわば内在的なものと思われる消失の必然性、これを強調してきました。つまり、フロイト自身が譬えを用いて述べているように、割れ目という形で一瞬現れるもののすべては、一種の先取りによって再び閉じ、逃れ、消え去る運命にあるように思われる、ということです。以上のことを強調すると同時に、私が希望したのは、物理学においてはすでに生じてしまっている確固たる決定的な結晶化が「主体についての推測科学」とでもいうべき別の方向でもう一度新たに起こってくれることです。このことには一見して感じられるほどのパラドックスはありません。

ヒステリー者から得られたことの確証を求めるべきは夢の領野であることにフロイトが気づき、かつて例のないほど勇敢に前進しはじめたとき、彼は無意識について何を我われに語ったでしょう。彼は次のように断言しています。つまり、無意識は、意識下的なものから意識が呼び起こし、繰り広げ、目星をつけ、流れ出させることのできるものから構成されているのではなくて、意識にとって本質的に拒絶されているものから構成されている、と。そしてフロイトはそれを何と呼んでいるでしょう。それは、デカルトの支点と先に私が呼んだものをデカルトが名づけるのに使った用語そのもの、つまり「思考 Gedanken」という用語です。

この思考は、意識の彼岸という領野の中にあります。そしてこの思考は例のあの決定の仕方、つまり「我思う」の主体が「我疑う」という言い方との関係で決定されるあの仕方、これと同じ相同関係でしか表すことはできません。

デカルトは、彼の「我思う」を「我疑う」という言表行為の中でつかんだのであって、その言表内容からつかんだのではありません。この言表内容は、疑うべき知をいまだに含み持っているからです。そして、フロイトはさらにもう一歩を進めたと言っていいでしょう。この一歩は、我われがデカルトとフロイトを結びつけたことの正当性を示しています。フロイトは我われに、夢のテクストと「疑いのコロフォン」と今後呼ぼうと思うものとを統合して考えるように勧めていますから、彼はさらなる一歩を踏み出したのです。コロフォンというのは、活版印刷がまだ行われていた頃の古い書物の縁に印刷されていた小さな手の形をした指標のことです。この疑いのコロフォンはテクストの一部なのです。このことは、フロイトが彼の「確信 Gewißheit」の根拠としたのはただ夢の物語や注釈や連想から生じるシニフィアンの布置のみであることを示しています。しかも、このシニフィアンの布置がいかに縮小されてしまっていたとしても、そんなことは重要ではありません。すべては結局シニフィアンを提供することになるのです。そのことを拠り所に、フロイトは彼自身の「Gewißheit」を確立したのです。私は、彼の方法をもって初めて分析経験は始まると強調しました。彼の方法をデカルトのそれと類比させたのも、そのためです。

フロイトが世界の中に主体を――主体といっても心理的な機能とは区別される主体のことですが、心理的な機能などというものは一つの神話であり、曖昧で混沌としたものです――導き入れた、と私は言っているのではありません。それをしたのはデカルトですから。そうではなくてフロイトは主体に次のことを言うために主体に語りかけた、と言いたいのです。つまり、「この夢という領野、そこでこそあなたはわが家に居るのです。Wo es war, soll Ich werden.(それがあったところに、私はあらねばならない)」、と。この点が新しいところです。

このドイツ語は、とんでもない翻訳が言っているような「自我はエスを立ち退かせなくてはならない」などということを意味しているのではありません。フロイトの仏訳はその程度のものだということを知っておいてください。そもそもフロイトのこの定式は、ソクラテス以前の哲学者の言い方に通ずる響きを持つものです。この「soll Ich werden」において問題となっているのは自我ではなくて、フロイトが「私 Ich」という言葉で言っているものであり、それは始めから終わりまで——もちろんこの「Ich」（1）の場所を認識するすべが解っていればのことですが——シニフィアンの網目の完全で全体的な場、つまり主体であり、「それがあったところ」であり、もともとつねに夢なのです。この場所で古代人はあらゆる種類のことを認識し、そして時には神々のメッセージを認識しました。こうしていたからといって彼らが間違っていたなどと言えるでしょうか。彼らはこの神々のメッセージに基づいてことを為したのです。さらに、今後の私の話からおそらくお解りになると思いますが、神々は今もなお居ると言うことすらできるでしょう。もっともそんなことは我われにとってはどうでもよいことですが。我われが関心をもつのは、このメッセージを包み込む織物です。それは、機会があれば何かがそこへ取り込まれる網目です。おそらく神々の声は自らを聞かせているのでしょう。しかしこの点に関してはずっと昔から人間はその耳を創世の時の状態にしてきました。つまり誰もが知っているように、耳は何も聞かないために造られているのです。

　しかし主体自身はそこに、つまり「それがあったところ」に——先取りして言うと、現実的なものに——自身を再び見出すために、そこに居るのです。今言ったことの理由はのちほど申し上げますが、以前から私の話をお聞きになっている方々は、「神々は現実的なものに属している」という定式を私が好んで使うことをご存じと思います。「それがあったところ」、そこで「Ich」、主体は――心理学的な意味の主体ではありません――生じなくてはならないのです。そしてそこに居ることを知るには、たった一つしか方法はありません。それは網目に目印をつけることです。では、網目はどうやって目印をつけられるのでしょう。それは、戻ることによって、帰ることによって、道を横切ることによってです。つまり何かがつねに同じ仕方で重なることによってです。そして『夢解釈』のこの第七章には彼の「確信 Gewißheit」を保証するものは次のことしかありません。つまり、「偶然だと言いたい人はそう言うがよかろう。私は、私の経験から偶然というものは決してないと断言する。なぜならそれは、偶然を免れるような仕方で重なるからである」。

この点についての私の講義をすでにお聞きになった方々のために、フリース宛ての書簡52を取り上げましょう。この書簡は、後になって『夢解釈』の中で光学的と呼ばれることになるシェーマを注釈しています。このモデルはいくつかの層を持っており、それらの層は光と類似したなにものかを透過させます。そしてその屈折は層から層へと変わっていきます。これが無意識の主体の仕事が行われる場です。そしてフロイトは、これは空間的な場でもない、解剖学的な場でもないと言っています。そうでなければ、フロイトによって我われに提示されたこの場をどうして理解することができるでしょう。つまりこの場は、いわば皮と肉との間のようにほとんど無きに等しい、知覚と意識との間の巨大な広がり、特別なスペクトルです。知覚と意識というこれら二つの要素は、後に、第二局所論が確立されるときに、知覚‐意識、Wahrnehmung-Bewußtsein システムという一つのシステムを形づくることになることはご存じでしょう。しかしこの二つの要素を隔てている間隙を忘れてはなりません。〈他者〉の場所はこの間隙の中にあり、主体はそこで構成されるのです。

さてフリース宛てのこの書簡だけを参照するとすれば、「知覚記号 Wahrnehmungszeichen」、すなわち知覚の痕跡、これはどのように機能するのでしょう。フロイトは彼自身の経験から、知覚と意識とを完全に分離する必要性を導き出しています。つまり何かが記憶の中へ入るためには、知覚においてはそれがまず消されなくてはなりませんし、その逆も成り立ちます。ついで彼は、これらの「Wahrnehmungszeichen」が同時性の中で構成されるべき一つの時を我われに示しています。これがシニフィアンの共時性のことでないとしたら、いったい何だと言うのでしょう。もちろんフロイトは五〇年後に言語学者たちが自分と同じようなことを言うなどということをまったく知らずにそう言っているのです。しかし、我われはこの「Wahrnehmungszeichen」に対してすぐに「シニフィアン」という正しい名称を与えることができます。我われのこのような読み方が正しいことは、フロイトが『夢解釈』でこの場所へと戻ったときに、諸痕跡が今度はアナロジーによって構成される別のいくつかの層を彼がさらに挙げている、という事実によって確証されます。そこには、隠喩の構成においてきわめて重要な、対比と相似という機能を見出すことができます。もっとも隠喩は通時性に基づいて導き入れられるのですが。

このことには深入りしません。今日はもっと進まなくてはなりませんから。ただ、フロイトがはっきりと指摘していることから解るように、共時性においては偶然と隣接性の結びつきによって作られた網目だけが問題なのではありません。シニフィアンは、構成的な通時性によって明確に定義された構造があって初めて、同時性の中で構成されえたのです。通時性は構造によって方向づけられているのです。フロイトは我われのためにはっきりと次のことを指摘しています。つまり無意識の最後の層、そこでは隔壁が機能し、また一次過程とそのうちで前意識の水準で利用されるであろうものとの間のあらかじめの関係が打ち立てられるのですが、そこには奇跡などありえないということです。「それは因果性と関係があるにちがいない」と彼は述べています。

フロイトのこれらすべての指摘は互いに重なっています。そして、我われもまた、この重なりによって、我われがフロイトに正しく従っていることを確認できます。だからといって、アリアドネの糸がやってくるのはこの重なりからかどうかは解りません。なぜなら、我われはたしかにシニフィアンについての我われの理論を示す前にフロイトを読んではいますが、ただちにそれを理解できるとは限りませんから。我われが無意識の構造の中心に原因となる裂け目を置いたのは、おそらく我われの分析経験に固有な必要性のためですが、フロイトのテクストの中にこの裂け目について説明抜きの謎めいた指摘を見つけたことは、我われにとって、我われが「彼の」確信の道を進んでいることを示しています。なぜなら、確信の主体はここでは分割されているからです。もちろん、確信、それを持っているのはフロイトですが。

2

このような方向性の中でこそ、私が取り上げている問題の核心にあるものが示されます。精神分析、これは原理上そもそも科学なのでしょうか。近代科学を『テアイテトス』[2]の中で論じられているような黎明期の科学から区別するもの、それは、黎明期の科学においてはつねに一人の師がいるということです。フロイトは間違いなく師です。もし分析の文献として書かれているものすべてがたんなる悪ふざけではないとしたら、フロイトはなお師として機能しているということです。このことは、フロイトという柱にかかる重みがいつか軽減されることはあるのかという問いを提起しています。

フロイトの確信の正面に、主体があります。この主体はデカルト以来自分を見つけてもらうのを待っていた、と以前申し上げました。フロイトの領野はデカルト的な主体が登場してしばらくたたないと不可能であった、とあえて申し上げても間違いではないでしょう。近代科学はデカルトがその最初の一歩を踏み出した後に初めて生じたのですから。

我われが主体に対し無意識のわが家へ帰るように呼びかけることができるか否かは、この一歩次第です。というのは、何といっても我われが「誰に」呼びかけるのかを知ることが重要ですから。それは、不死であるにしろそうでないにしろ、お決まりの「魂」ではありませんし、影でも、二重身でも、亡霊でもありません。またいわゆる心の鎧、つまり防衛とかその他のシェーマでもありません。呼びかけられるのは主体です。ですから選ばれる可能性があるのは主体だけです。もっとも、聖書の箴言におけるようにおそらく、呼びかけられる者はあまたあれど選ばるる者はわずかなり、でしょう。しかし選ばれる者があるとしたら呼びかけられた人たち以外にはありえません。

フロイトの諸々の概念を理解するためには、呼びかけられるのは主体、つまりデカルトに起源を持つ主体である、というこの基礎から出発しなくてはなりません。この基礎によってこそ、分析で想起と呼ばれているものにその真の機能を与えることができます。この想起とはプラトンの想起説の想起ではありません。それは、ある形態とか刻印の回帰ではありませんし、彼岸や至上の真理からやってくる美や善の形相《エイドス》の回帰でもありません。それは、もっとも基底的な出会いの水準で生み出される目立たない構造の必然性に由来するものです。つまりそれは、シニフィアンの構造、たどたどしくよろめきながら語られた言葉《ラング》という、我われに先行する語る群衆すべてに由来するものです。ただしこれらは、その反響やモデルやスタイルが今日興味深くも数学の中に再発見されるさまざまな制約を必ずや伴うものです。

重なりという考え方によってお解りになったと思いますが、「回帰 Wiederkehr」の機能、これが本質です。それはただ、抑圧されていたものの回帰という意味での「Wiederkehr」だけではありません。無意識という領野の構成そのものが「Wiederkehr」によって保証されているのです。フロイトがその確信を確かなものにしたのはこの点においてです。しかし確信が彼にやってきたのは明らかにこの点からではありません。確信は、彼が自身の欲望の法をそれとして認めたことによって得られたのです。テクストから解るように、もし彼が自己分析によって導かれなかったとしたら、彼はこの確信に自らを賭けて進むことなどできなかったでしょう。

では彼の自己分析とは何でしょうか。それは、欲望は〈父の名〉のもとに宙づりにされているという欲望の法を天才的な仕方で見出したことにほかなりません。フロイトは、彼の欲望とのある種の関係に支えられて、また彼の行為、つまり精神分析を構成するという行為に支えられて進んだのです。

このような基盤から離れるのはいつも躊躇されますが、これ以上深入りしないことにしましょう。もしこれ以上深入りするならば、みなさんに次のことを示すことになるでしょう。つまり、幻覚とは知覚への退行的な備給過程であるというフロイトの考え方は必然的に、主体はそこでは完全に覆されるにちがいないということを前提にしている、ということです。もっともそれは実際にはきわめてつかの間の瞬間においてにすぎないのですが。

今述べたことはおそらく本当の意味での幻覚が投げかける問い、つまり主体はそれを信じていないし、自分がそれに巻き込まれているとも思っていないということ、このことに対して何ら解決を与えるものではないでしょう。たんに神話的な仕方で目印をつけただけのことです。というのは、フロイトが一足飛びにしたように、そこに中断された欲望の、知覚への退行の表現を見て、混乱に由来する幻覚精神病の錯乱という言い方ができるものかどうか疑わしいからです。しかしフロイトが主体の転覆が可能であると考えることができた一つの様式が存在したということ、このことは、どれほどに彼が、主体をそもそもシニフィアンのシステムによって転覆させられたものと考えていたかを十分に示しています。

では無意識の時間についてはひとまずおいて、反復とは何かという問いへと進みましょう。おそらく何回かの講義を費やすことになるでしょうが。

3

これから申し上げなくてはならないことは大変目新しいことなので——といっても、シニフィアンについて私が触れたことからすれば当然のことですが——今後は、反復の機能を私がどのように理解しているかを、袖の下にカードを隠すようなことはせずに、みなさんにお話ししなくてはならないと考えました。

いずれにせよ、この機能は、さきほど「回帰 Wiederkehr」と呼んだ、回路の、開いたり閉じたりするあの性質とは何の関係もありません。

フロイトは、一九一四年の論文『想起、反復、反芻処理 Erinnern, Wiederholen und Durcharbeiten』で、反復の機能を導入したとまでは言えないにしても、この機能について初めて明確に述べています。この論文に基づいてその後分析の中でまったく馬鹿げたことが山ほどなされてきましたが、この論文は『快原理の彼岸 Jenseits des Lustprinzips』の第五章へ通じるものです。

この第五章をフランス語以外の言語で一行一行読んでみてください。ドイツ語が解らない方は英訳を読んでください。ついでに申し上げておきますが、この英訳をお読みになると大いに楽しめると思います。たとえば「欲動 Trieb」を「本能 instinct」、「欲動的 triebhaft」を「本能的 instinctual」と訳してしまったので、訳者は大変不都合な事態に陥っています。しかもこの訳語は始めから終わりまで一貫して使われています。「Trieb」と「instinct」との間には何一つとして共通するものはありませんので、この英訳版はそのためにまったく矛盾したものになっています。そしてこの英訳版では不調和はどうしようもないほどのものであり、「triebhaft」を「instinctual」と訳しているので一つの文章を最後まで辿ることすらできません。そこで訳註が必要になり、こんなことが書かれています。「At the beginning of the next paragraph, the word Trieb... is much more revealing of the urgency than the word instinctual.(次のパラグラフの最初のところでは、Trieb という単語は instinctual という単語よりももっとはるかに切迫性を表している)」。「Trieb」とは、みなさん、みなさんがたの尻を後ろからより強く突っつくものだと言い、それがいわゆる本能との違いのすべてだと言うのです。精神分析の教育の伝達とはこんなものです。

「反復 Wiederholen」がどのようにして導入されたか見てみましょう。「Wiederholen」は「想起 Erinnerung」と関係があります。主体がわが家に居ること、生活史を想起すること、そういうことはすべて、現実的なものと呼ばれるある限界の手前までしか進みません。そのことをスピノザ流の言い方で言うとすれば、「cogitatio adaequata semper vitat eamdem rem」、つまり、我われがいる水準では、思考として適切な思考は——結局あとから全体として見出されるにしても——つねに同じものを避ける、ということになります。ここでは現実的なものとは、つねに同じ場所へ戻ってくるものです。この同じ場所で、思惟するというかぎりでの主体、「思惟するもの res cogitans」は、現実的なものに出会わないのです。

フロイトが反復を機能として発見した歴史を理解するには、思考と現実的なものとの関係を以上のように捉えなくてはなりません。はじめのうちは、ヒステリー者に関わっていましたから、うまくいったのです。想起という手続きは初期のヒステリー者に関してはなんと説得力のあるものだったことでしょう。しかしこの想起で問題になっていることが何であるのか、はじめのうちは解っていませんでした。つまり、ヒステリー者の欲望とは父の欲望、それも父という境位において支えられるべき父の欲望であることが解らなかったのです。父の場所を占めている人の利益のためには、ヒステリー者がとことん想起するとしても驚くべきことではありません。

ついでに、フロイトのテクストにおいては、反復は再生ではないということを指摘しておきます。この点についてはいささかも曖昧さはありません。「反復すること Wiederholen」は「再生すること Reproduzieren」ではないのです。

再生すること、フロイトは大いなる希望をもって浄化法を行っていたとき、この再生をさせることができると信じていました。今日人々が巨匠の複製画をわずか九フラン五〇サンチームで手に入れることができるように、再生された原光景を手に入れることができると信じていたのです。ただ、フロイトがその後さらに歩みを進めたとき――この一歩を進めるのに長くはかかりませんでしたが――我われに示したこと、それは、我われの言う象徴的という仕方によらないかぎり、つまり「模像によって in effigie」、「不在において in absentia」(3)でないかぎり、何一つとして捉えられることも、破壊されることも、燃え尽きることもありえないということです。

反復はまず明快ではない形で、自明でない仕方で、再生や現前化として、「行為《アクト》」へと現れます。だから私は「行為」という言葉に大きな疑問符をつけて黒板の下に書きました。それは、我われが反復と現実的なものとの関係について話すかぎり、行為は我われの視野の彼方に留まるであろう、ということを示すためです。

フロイトも、そしてその追従者の誰もが、何びとの手にも届く行為――さらにあえて人間的と付言してもいい行為、というのは我われの知りうるかぎり人間的でない行為はありませんから――に関することを、決して思い浮かべようとしなかったことは奇妙なことです。なぜある行為が行動ではないのでしょうか。たとえば、ある条件のもとで自らの腹をかっさばくという明瞭な行為――これを「ハラキリ」と言わないでください、「切腹」という名前があるのですから――に目を向けてください。彼らはなぜそんなことをするのでしょう。それは、そういうことをすれば他の人たちが困り果ててしまうと彼らが思うからであり、またその構造の中ではそれは何らかの名誉のために為される行為だからです。でも待ってください。早合点してはいけません。次のことに注意してください。つまり行為、真の行為は、自明性によっては捉えられない現実的なものに関係しているという意味で、必ず構造的な部分を宿しているということです。

「反復すること Wiederholen」。この「Wiederholen」以上に謎めいたものはありません。とりわけフロイトの心理学をあれほど構造化している快原理と現実原理という二分法から考えれば、これほど謎を投げかけるものはありません。もっとも慎重な語源学者たちによれば「Wiederholen」とは、運河や川に沿ってつくられた曳船道の上でなされる「綱で曳くこと haler」、主体を「綱で曳く haler」にきわめて近いものです。つまり、そこから外れることのできないある道の中でいつまでも自分の船を曳くことにきわめて近いのです。

そして、第一に、なぜ、反復は外傷神経症と呼ばれるものの水準に現れたのでしょうか。

すべての神経生理学者、病理学者などとは逆に、フロイトは次のことをはっきりと指摘しました。つまり、たとえばひどい爆撃から神経症が始まったとすると、その爆撃の思い出が再生されることは、夢の中では主体にとって問題を引き起こすにしても、覚醒状態ではそれは彼には痛くも痒くもないように見えるということです。そうすると、外傷の反復というこの機能は、それを快原理という観点から正当化することができないとしたら、それどころかむしろその逆であるとしたら、この機能とはいったい何なのでしょうか。苦痛な出来事を支配することだ、と言う人もいるかもしれません。でも誰が支配するということでしょう。そして支配すべき主人はこの場合どこにいると言うのでしょう。支配するというこの操作をすることになっている審級をどこへ位置づけたらよいのか解ってもいないのに、なぜこんな性急な言い方をするのでしょうか。

フロイトはその一連の著作――私はそのうちの重要な二つを取り上げましたが――の最後に次のように指摘しています。外傷神経症の夢で起こっていることはもっとも原始的な機能連関の水準でしか理解できない、と。この水準は、エネルギーの拘束が得られる水準です。しかし、ここで問題となっているのは何らかの隔たりであるとか、現実的なものというはるかに洗練された水準で我われが見出せるような機能の再配分のことであるなどと、はじめから仮定しないでいただきたいのです。逆にここに我われが見るのは、主体がそれ自身いくつかの審級へと分割されることによってしか近づくことのできないある点です。ですからこの分割された王国について言えることは、心的現象というまとまり、全体化し統合し意識へと昇進するいわゆる心的現象という概念は、そこではすべて滅びるということです。

事実、想起が少しずつ置き換えられていき、あらゆる出来事がそこで明らかになるにちがいないと見えた一種の焦点、中心へとますます近づいていく分析経験の初期段階においては、私もまた「主体の抵抗」と呼ぶことになるもの――括弧つきでですが、というのはこの「主体の抵抗」における三つの単語の意味を変えなくてはなりませんし、この言葉にその射程を与えるためにはその意味をすっかり変更しなくてはなりませんから――が出現します。そのとき抵抗は行為という形での反復になっているのです。

次回のお話では、この点に関してアリストテレスの『自然学』のあの素晴らしい第四章と第五章をどのようにして我われの手のうちのものにするかをお示しすることになるでしょう。この著作は彼の理論に抵抗している二つの用語――とはいうものの、この著作は原因の機能についてそれまでにないほど洗練されたものですが――をあれこれ検討し扱っています。この二つの用語は不適切にもそれぞれ偶然と運と訳されています。したがってアリストテレスが「オートマトン automaton」――これは我われ現代数学を知る者にとってはシニフィアンの網目のことであるのは明らかです――と、「テュケー tuché」という言葉で表したもの――これは我われに言わせれば現実的なものとの出会いです――との間に打ち立てた関係を再検討することが必要となります。

〈質疑応答は欠如〉

一九六四年二月五日

訳註

（1）ドイツ語の一人称主語を表す代名詞であり、名詞としては「自己」「自我」を指す。精神分析学や心理学の文脈では「自我」「エゴ」などと訳される。本書では文脈に応じ原語のままで残した。

（2）プラトンの対話篇の一つ。テアイテトスはユークリッド幾何学の先駆者。

（3）フロイトの論文「転移の力動論にむけて」の末尾で用いられた表現。須藤訓任訳、『フロイト全集12』岩波書店、二二〇頁。

V　テュケーとオートマトン

精神分析は観念論ではない
外傷としての現実的なもの
夢と覚醒の理論
意識と表象
神は無意識的である
「あっち－こっち fort-da」における小文字の対象 a

本日は、フロイトのディスクールや精神分析の経験によって示される反復という概念を検討しようと思います。

精神分析は一見したところ我われを一種の観念論へと導くように思われることを強調しておこうと思います。

たしかに、精神分析は観念論であると非難されています。つまり、経験は本来、戦争、争い、さらには人間による人間の搾取などといった無情なことの中に我われの失調の原因を見出すよう促しているのに、その経験を精神分析は矮小化している、と言う人々がいます。精神分析は諸傾向の存在論へと通じ、諸傾向を原始的なもの、内的なもの、主体の条件によってあらかじめすべて備わったものと見なしている、というわけです。

しかし精神分析経験の最初の一歩以来の歩みを見るならば、精神分析は決して我われに「人生は幻である」という格言を信じ込ませるようなものでないことは明らかです。分析ほどに経験の核心において現実的なものの核へと向かう実践はありません。

1

この現実的なものと我われはどこで出会うことになるのでしょうか。精神分析が見出したものにおいて重要なのは、ある出会い、本質的な出会いです。それは逃れ去る現実的なものとの出会いであり、我われはその出会いの場へとつねに呼び出されるのです。そのために、これからお話しすることの目印として、いくつかの単語を黒板に書いておきました。

まず、「テュケー tuché」です。これは先回言ったように、原因について探求したアリストテレスの用語から借りたものです。我われはこれを「現実的なものとの出会い」と訳しました。現実的なものは「オートマトン automaton」の彼岸にあります。「オートマトン」とは記号の回帰、再生、執拗さであり、そこで我われは我われが快原理に指図されているのを見ます。現実的なものとはつねにこの「オートマトン」の背後にあるものであり、フロイトの探求のすべてにおいて、それこそが彼の関心の中心であったことは明らかです。

我われにとってきわめて重要な『狼男』の治療展開を思い出してください。それは、幻想の機能が明らかになるにつれて、フロイトの真の関心が何に向かっていたかを理解するためです。フロイトがほとんど不安に駆られてと言っていいほどの仕方で探求していたのは、幻想の背後に確認される最初の出会い、つまり現実的なものとは何かということでした。この分析全体を通して、この現実的なものこそが患者を引っ張り、強制しており、また探求を方向づけています。ですから結局、フロイトのこの熱意、この現前、この欲望こそがこの患者の後の精神病の発症を条件づけているのではないか、と今日では考えられているほどです。

ですから、強いられた一種の想起の先導による変調、再生、記号の回帰、これらと反復とを混同してはなりません。反復とは、その本性上、分析においてはつねに覆われているなにものかです。それは、分析家たちの概念化において反復と転移とが同一視されているためです。しかし、まさにそれこそが区別すべき点なのです。

転移において問題となる現実的なものとの関係に関してフロイトは、「模像によって in effigie」も、「不在において in absentia」もなにものも把握されない、と述べています。しかし、転移とはまさに模像によって、不在との関係として与えられるものではないでしょうか。転移において問題となっている現実のこの曖昧さを解明することができるのは、反復における現実的なものの機能を出発点とすることによってのみです。

実際、反復するものとはつねに「まるで偶然のように」――この表現は反復するものと「テュケー」との深い関係を示していますが――起こるなにものかです。これこそ我われ分析家が、原則として、決して騙されない点です。少なくとも我われは、患者がその日しようとしていたことの実現、たとえば面接に来ることを妨げるようななにごとかが起こったというとき、それに騙されてはいけないとつねに気をつけています。患者の言うことを真に受けてはいけないのです。我われが関わっているのは、まさにこの躓き、このかぎ裂きであり、我われはそれを繰り返し見出しているのです。そうした把握の様式によってこそ我われは、主体とその条件との関係について今までに与えられてきた解読を改めるように命じられているのです。

「テュケー」の機能、出会いとしての現実的なものの機能は——出会いといっても、それは出会えないかもしれない出会い、本質的に出会い損ねとしての出会いですが——精神分析の歴史の中では、この点一つだけでも我われの注意を引くに十分な形、つまり外傷《トロウマティスム》効果という形で登場しました。

分析経験の始まりにおいて現実的なものが、そこでの「同化できないもの」という形で、つまりその後のすべてを決定し、それに一見偶発的な起源を与える外傷という形で現れたことは注目すべきことではないでしょうか。これこそが、快原理と現実原理とを対立させることで導入される紛糾した考え方の根源的性格を我われに理解させてくれるのです。だからこそ現実原理をその支配力のゆえに快原理より優位なものであると見なすわけにはいかないのです。

たしかに外傷は、快原理の決定するすべての働きを方向づける主体構成的なホメオスタシスによって栓をされるはずのもの、と考えられています。ところが、分析経験は我われにある問題を提起します。それは、思い出させようとする外傷の執拗さが一次過程の内奥に存続している、ということに由来する問題です。実際、外傷は繰り返し現れ、しかもほとんどの場合裸のままの姿で現れます。主体の欲望の運搬者としての夢は外傷を繰り返し出現させるものを——外傷の姿そのものではなくとも、少なくともその背後に外傷のあることを指し示している遮蔽幕を——いかにして作り出すのでしょうか。

結局、いかに高度に発展しても現実のシステムは現実的なものに属するものの本質的な部分を快原理の網に捕らえられたままに残している、ということです。

我われが探らなくてはならないのはこの点、この現実です。いわばこの現実の現前こそが、たとえばメラニー・クラインが示したような発達の動因をさきほどの「人生は幻である」という言い方へと矮小化してしまわないために、我われにぜひとも要請されるべきものとして前提とされているのです。

この要請に応えるのは、私が出会いと呼んだ現実的なものの中の根源的ないくつかの点です。これらの点こそが、我われにこの現実を「下にある unterlegt」もの、「未決の untertragen」[1]ものとして理解させているのです。これらのドイツ語は「souffrance(苦悩、我慢、未決状態)」というフランス語の見事な多義性のおかげでこの語一つで翻訳できます。現実はそこでは未決のままであり、待ち受けているのです。そして、フロイトが「反復 Wiederholung」によって定義する「強迫 Zwang」、強制はまさに一次過程という回り道を命令するのです。

一次過程——これはここ数回の講義で無意識という形で定義しようとしたものにほかなりません——これをもう一度断絶という経験の中で、知覚と意識との間で、無時間的と申し上げたあの場所で、捉えなければなりません。この場所は、フロイトがフェヒナーに敬意を表しつつ「もう一つの場所という観念 die Idee einer anderen Lokalität」と呼んだものを、つまりもう一つの空間を、もう一つの舞台を、「知覚と意識との間」を、必然的に措定させます。

2

この一次過程、我われはそれをいつでもつかむことができます。

先日私はちょっと休んで眠っていたとき、目覚めぬ前から何か私の家の戸を叩く音がしましたが、それでもまったく起こされることなく眠っていました。つまり、この慌てて叩くノックによって私は夢を形成していたのです。その夢はこのノックとは違うものを私に示していました。そして目覚めたとき、私がこのノック、この知覚を意識するのは、私がこのノックのまわりに私の表象全体を再構成するからです。このとき私は、自分がそこにいること、何時に眠り、この眠りに何を求めていたのか、こうしたことを知ります。このノックの音が私の知覚にではなく意識に達するとき、それは、私の意識がこの表象のまわりに再構成されたということです。つまり、自分が覚醒させるノックのもとにあることを、「ノックされている knocked」ことを、私が知るということです。

しかしここで、そのとき私が何であるかを問わなくてはなりません。そのときというのは、ごくわずか前の、はっきりと区別されるその一瞬です。つまり、私が一見したところ私を目覚めさせるノックのもとで夢を見はじめた一瞬です。私は、私の知るかぎり「目覚めぬうちに avant que je ne me réveille」の私です。この虚辞の「ne」と言われているものが、以前の論文ですでに述べたように、目覚めの前の「我あり je suis」の現前様式です。これはまったくの虚辞ではなくて、それは必要なときにいつも現れる私の埋め草の表現です。フランス語は次の二つの差を見事に表しています。「彼が来ぬ間に終われますか?・Aurez-vous fini avant qu'il ne vienne?」――これは、私にとってはあなたが終わっていることが重要で、その前に彼が来るなどということが絶対ないように、ということです。「彼が来る前にちょっと立ち寄りますか？ Passerez-vous, avant qu'il vienne?」——これはつまり、彼が来たときにはあなたはもはやそこにはいないということ〔だから「彼が来る」に虚辞の ne は不要〕です。

どこへみなさんを導いているかお解りですか。ノックで目覚めた後の私は、私をたんなる意識にしている私の表象との関係においてしか見かけ上私を支えることはできません。この構造の釣り合いにこそ、私はみなさんを導いているのです。いわば内向きの反映であり、私の意識において私が捉え直すのは私の表象にすぎないということです。

これですべてでしょうか。フロイトは、もう一度意識の機能に立ち戻らなければならない、と何度も言っていました。しかし彼はそれをしていません。おそらく我われは、表象された現実の出現をそこで動機づけているもの、すなわち覚醒を成り立たせている現象、距離、裂け目それ自体を把握することができれば、意識において何が問題になっているのかをもっとよく理解できるでしょう。

この点を強調するために、例の夢に戻ることにしましょう。すべてがやはり物音に起因しているあの夢です。『夢解釈』の中のこの夢をお読みになる時間はあったと思います。あの哀れな父親のことを思い出してください。その父親は亡くなった息子が安置されている横の部屋で、少しばかり休んでいました。白髪頭のもう一人の老人がその子の番をしていたとテクストには書いてあります。父親はハッとして目を覚まします。何にハッとしたのでしょう。それはたんに、彼を現実的なものへと呼び戻す音という現実、そのショック、「ノック knocking」だけではありません。それは、実際に起きていること、つまり倒れた蠟燭の火が息子のベッドに燃え移ろうとしているという現実そのもの、これとほとんど同じものをまさに彼の夢という形で表しているのです。

この夢には『夢解釈』の中でのフロイトの説、つまり夢は欲望の実現であるという説の確証のために持ち出されたのではないと思わせる何かがあります。

ここには、夢の一見したところ二次的な機能がほとんど初めて『夢解釈』の中で現れています。つまり、この夢は睡眠を延長するという欲求だけを満たしている、ということです。この箇所にまさにこの夢を置くことによって、そしてこの夢がそれだけで夢に関する彼の説の十全な確証であると強調することによって、フロイトはいったい何を言わんとしていたのでしょう。

夢の機能が眠りの延長であるならば、そして夢はそれを呼び起こした現実にこれほどまで接近することができるならば、眠りから離れることなく夢はこの現実に答えている、と言えないでしょうか。結局、夢には夢遊病的な作用があるのです。それまでフロイトが示してきたことから我われがここで立てる問い、それは「何が目覚めさせるのか」ということです。目覚めさせるもの、それは夢「という形での」もう一つの現実にほかなりません。つまりフロイトが次のように描いている現実です。「子供が彼のベッドのそばに立って Daß das Kind an seinem Bette steht、彼の手をつかみ ihn am Arme faßt、非難するような調子で言った und ihm vorwurfsvoll zuraunt――ねえお父さん、見えないの Vater, siehst du denn nicht、僕が燃えているのが？ daß ich verbrenne?」

このメッセージには、この父親が隣室で起きている奇妙な現実を知った物音よりも多くの現実が含まれているのではないでしょうか。この言葉の中にその子の死の原因となった出会い損なわれた現実が込められてはいないでしょうか。死んだ息子から父親に向けて発せられ、息子から永遠に切り離されてしまったこれらの言葉を父親の中で定着させているものが何であるのか、それをこの台詞のなかに見て取らなければならない、そうフロイト自身が我われに言っているのではないでしょうか。フロイトは息子の死因は熱病だったのだろうと推測していますが、そんなことがいったい誰に解るでしょう。むしろおそらく、これらの言葉は、父親の後悔、つまり息子の死の床のそばで番をさせた「白髪頭の番人はその任に耐えないだろうという心配 die Besorgnis daß der greise Wächter seiner Aufgabe nicht gewachsen sein dürfte」を父親の中で定着させているのです。実際彼は眠ってしまったのです。

熱に関して言われたこの台詞、これは最近の講義で私が熱の原因と呼んだものをみなさんに思い出させませんか。隣室で起きている事柄に対する行動はいかに急を要することに見えても、ここで問題となっていること、つまりこの台詞に現れた心的現実との関係で言えば、結局今となっては遅すぎるものと感じられないでしょうか。こうして見続けられた夢は、言うなれば出会い損なわれた現実、いつになっても決して到達されることのない目覚めの中で果てしなく繰り返されるほかない現実へと捧げられたオマージュと言えないでしょうか。永遠に動かなくなったこの存在、たとえ炎に包まれようと再び動かぬこの存在との間に、以後いったいどのような出会いがありうると言うのでしょう。それは偶発事によって、あたかも偶然のように炎がその存在へと燃え移ったその瞬間に起きたあの出会い以外にはありません。この偶発事のどこに現実があるのでしょう。それは、結局より運命的ななにものかが、父親が目覚めてそこにやって来たときにすら遺体のそばで番を任されていた人がまだ眠っていたという現実の「助けを借りて」繰り返されているということにこそ、あるのです。

つねに出会い損なわれるこの出会いは、かくして夢と目覚めの間、つまり、なお眠っていてその夢を我われが知ることのできない人と、目覚めないためにだけ夢を見た人との間で起きたのです。

フロイトが、ここで欲望の理論が確証された、と思ったとしても、そこでハッと気づいたということは、夢はただたんに願望を埋める幻想なのではない、ということのしるしです。

なぜなら、それはただたんに、夢の中では息子がまだ生き続けていることになっているということではなく、その亡くなった子が父親の腕をつかみ――恐ろしい光景です――、夢という形でその声を聞かせる彼岸を示しているからです。欲望はそこではもっとも残酷な点にまで映像化された対象の喪失によって表されています。実に特異なこの出会いはまさに夢の中においてのみ起きるのです。ただ儀式だけが、つまりつねに反復される行為だけがこの太古の出会いを記念することができるのです。なぜなら、子供の死とは何であるかということは、父たるものでなければいかなる意識的な存在も語ることはできないからです。

なぜでしょう。父の機能の起源を父親殺しに基礎づけるということまでしてフロイトが父なるものを守っているように、無神論の真の定式化はたんに「神は死んだ」ということではなくて、「神は無意識的である」ということだからです。

目覚めは、生じたこと――それはつまり、もはやそれに備えるしかないような現実という厄介な出来事ですが――の表象の中へと主体の意識が覚醒することとして我われに示されています。しかし、みなが眠っていたそのとき、この出来事とはいったい何だったのでしょうか。少し休もうと思ったあの父親も、目を覚ましていることができなかったあの老人も、そしてそのベッドの前で心優しい誰かに「まるで眠っているようだ」と言われたであろうあの子も、みなが眠っているときです。我われが知っているのはたった一つのことです。それは、すべてがまどろみの中にある世界の中で、ただ「ねえお父さん、見えないの、僕が燃えているのが」というその声だけが聞こえたということです。この言葉はそれ自体が火の粉です。この言葉だけで、それが落ちたところには火が燃え移ります。そして何が燃えているのかは解りません。炎のために「下にあるもの Unterlegt」「未決のもの Untertragen」(2)に、つまり現実的なものに火がついているという事実が我われには見えないからです。

まさしくこのことによって、「souffrance 苦悩、我慢、未決状態」にある父親から切り離されたこの夢の中の言葉に、我われは覚醒したときのこの父親の意識であろうものの裏面を認めることができます。そしてそれは我われに、夢の中でその表象に対応しているのは何なのか、という疑問を起こさせます。この問いは、ここでは我われが夢を表象の裏面と見ているだけになおさら印象的なものです。それは夢の心像です。そして、これは我われにとって、フロイトが無意識について語るときに無意識を決定づけるものとして示したもの、つまり「表象代理 Vorstellungsrepräsentanz」(3)を強調する機会です。この「Vorstellungsrepräsentanz」は、例のまずい訳が言うような「代表的代理 représentant représentatif」などではありません。それは表象の代わりなのです。これからその機能を見ることにしましょう。

ここで、永遠に出会い損なわれた出会いの核となっているもの、つまりこの夢ではフロイトにとってまったく範例的と思われたものを何が支えているかを、フロイトのテクストの中で把握していただけたと思います。

外傷から幻想へと——ここで幻想とは、まったく原初的ななにものか、すなわち反復という機能において決定的ななにものかを隠している遮蔽幕にすぎないものとしての幻想ですが――達する現実的なものの場、それをここで押さえておかなければなりません。さらにこれは、覚醒の機能とこの覚醒における現実的なものの機能との曖昧さを説明してくれるものでもあります。現実的なものはあの偶発事、小さな物音、現実の切れ端によって表象されることができます。この現実の切れ端が、我われは夢見ているのではないということを示しています。しかし、もう一つの面から見れば、この現実は切れ端というようなものではありません。なぜなら我われを目覚めさせるのは、表象の代わりになるものの欠如の背後に隠されているもう一つの現実だからです。フロイトはそれは「欲動 Trieb」だと言います。

注意してください。我われはまだ「欲動 Trieb」とは何かということを言っていません。表象がないためにこの「Trieb」がそこにないとするならば、そもそも問題の「Trieb」とは何なのでしょうか。我われはそれを、ただ来たるべき「Trieb」として考えるほかないのかもしれません。

覚醒、これには二つの意味があるということ、つまり構成され表象された現実の中に再び我われを据える覚醒は重複したものであるということを見ないわけにはいきません。

現実的なもの、これは夢の彼岸にこそ、つまり夢が包み込み、覆い、我われから隠しているもの、そしてその代わりのものしかない表象欠如の背後にこそ探すべきものです。我われの活動を他のすべてのもの以上に支配しているのは現実的なものであり、精神分析は我われにそのことを示しているのです。

3

こうしてフロイトは、彼以前に魂についてもっとも鋭く問いを立てた人、すなわちキルケゴールにおいてすでに反復をめぐって立てられていた問題に解決をもたらした、と感じたのです。

『反復』というタイトルで書かれた、軽妙さとイロニーによって眩いばかりのあのテクストをもう一度読むことをお勧めします。愛の幻を廃棄するその様式はまさにドン・ジュアンを描いたモーツァルトのようです。キルケゴールがその有頂天で滑稽なさまを描き出した若者は、その愛において実は、記憶の仲介によって自分自身にだけ向かっていたのだ、ということが反駁の余地のない鋭さで強調されています。実際そこには、ラ・ロシュフコーのあの言葉、もし人が愛についてその様式と方法とを教え込まれなければ愛を感じる人などいるのだろうか、という言葉よりも意味深いものがあるのではないでしょうか。確かに。しかし誰が愛を始めたのでしょう。すべては愛の魔法が向けられた最初の人に対する欺瞞に始まるのではないでしょうか。つまり、この欺瞞が愛の魔法を他者の賛美として通用させ、自ら進んで他者の賛美の、またその息切れの虜になったのです。この欺瞞こそが、自我理想に由来するものにせよ、理想的であると自ら思っている自我に由来するものにせよ、もっとも偽りに満ちた要求、つまりナルシシズム的満足の要求を他者を使って作り出したのではないでしょうか。

フロイトにおいても、キルケゴールと同様、自然に備わった反復や欲求の回帰が問題なのでは決してありません。欲求の回帰が目指すのは食欲《アペティ》に奉仕する消費です。一方、反復は新しいものを要求します。反復が向かうのはこの新しいものを自らの次元とするような遊びです。この点についてフロイトは先回参照した章の本文中でも触れています(4)。反復において変化し、変調するのはその意味からの疎外だけです。大人、そして年長の子供は、その活動や遊びの中で何か新しいものを求めます。しかしこのズレが遊びの真の秘密を、つまり反復それ自体が構成するもっと根元的な多様性を覆い隠しています。

子供の場合には、反復は最初の動きの中で、つまり人間存在として形作られるその最初の時期において、お話はいつも同じであってほしい、お話の上演は儀式化され一字一句同じであってほしい、という要請として現れます。お話の詳細がまったく変わらないように、というこの要請が意味しているのは、記憶の中ではシニフィアンをいくら注意深く上演してみてもシニフィアン性の優位自体をそれと名指すには至らない、ということです。だから、意味内容《シニフィカシオン》を変えながらシニフィアン性を展開することは、見かけ上このシニフィアン性から逃れることです。この意味内容の変化がシニフィアン性の目指すところを忘れさせ、シニフィアン性の作用を遊びへと変形し、このシニフィアン性に快原理からすれば望ましい放出を与えるのです。

フロイトが孫の遊び、つまり「あっち－こっち fort-da」遊びの繰り返しの中に反復を見て取ったとき、彼は、子供は代行者を獲得することによって母の消失を埋め合わせている、と強調することもできたでしょう。しかし、それは二次的なことです。ワロンも強調していますが、子供は母の去った扉を見つめ、そこに彼女が再び現れるのを待っているということがまずあるのではなく、それ以前に子供は、母親が彼を置き去りにしたその点、彼のそばを離れたその点にこそ注意を注いでいるのです。母の不在によって生じた裂け目はしっかりと開いたままであり、それこそがこの糸巻き投げという遠心軌道の原因です。ここで投げられるのは、主体が自らを投影する人物像としての他者ではなく、手に持った糸で彼自身と繋がっている糸巻きです。糸巻き投げという形で表現されているものは、この試練において、つまりそれを出発点としてシニフィアン性の秩序が一望のもとに置かれる自己切断において、彼自身から切り離されるものです。というのは、糸巻き遊びは、母の不在によって揺り籠の端という彼の領域の最前線に作り出されたもの、すなわちもはや飛び越え遊びでもするしかない「溝」に対する主体の答えだからです。

この糸巻きはヒバロ族流(5)のやり方で小さな球にされてしまった母親ではありません。それは、まだ主体に属しているもの、主体に留め置かれているのに主体から切り離される主体の何かです。ここでこそアリストテレスにならって、人はその対象でもって考える、と言うべきでしょう。子供が、今や深い井戸へと変形した彼の領域の最前線を飛び越え、呪文を唱えはじめるのは、まさに彼のこの対象でもってです。シニフィアンこそが主体の最初の刻印であるということが真実であるとしたら、この遊びがこれから現れるいくつかの最初の対立の一つを伴っているという事実からだけでも、我われは次のことを認めざるをえません。つまり、この対立が行為の中で適用されている対象こそを、つまり糸巻きこそを我われは主体と言うべきである、ということです。この対象はそのラカン的代数の名を与えられることになるでしょう。つまり小文字の *a* です。

この行動全体は反復を象徴化していますが、この反復は決して母の回帰を呼びかける欲求、たんに叫び声において表されるような欲求の反復ではありません。それは、主体における「分裂 Spaltung」の原因としての母の立ち去りの反復です。それは「こっちかあっちか」、「fort-da」という交互に交代する遊びによって乗り越えられます。「fort-da」というこの遊びは、その交代においてただ「こっち da」に対する「あっち fort」であり、「あっち fort」に対する「こっち da」であることだけを目指した遊びです。この遊びが目指しているもの、それは、代理されたものというかぎりで本質的にそこにはないものです。なぜなら、この遊びそのものが「表象 Vorstellung」の「代理 Repräsentanz」であるからです。欲望の絵の具《グワッシュ》、欲望のタッチを無数に帯びたデッサンの中で、母のこの「Repräsentanz」が新たに欠けることになったとき、「Vorstellung」はいったいどうなるのでしょう。

私もまた母親的直感によって教えられて気づいたことがあります。まだ言葉にもならない声でやっと発せられた呼び声――その後数カ月間にわたって何度も繰り返されたその呼び声――にもかかわらず、私が立ち去ってしまったことによって外傷を受けた子供が、その後かなりたってから私がその子を抱き上げるたびに頭を私の肩につけそのまま眠りに落ちてしまうのでした。眠りだけが、その外傷の時以来私がそうであったところの生きたシニフィアンにその子を近づかせることができたのです。

「テュケー」の機能についての本日の素描は、転移の解釈における分析家の義務とは何かという点を正すのに今後不可欠のものとなることがお解りでしょう。

本日強調したかったことは、分析とは、長い間認識の関係として考えられてきた人間と世界との関係をもっとも根本的に変化させるものである、ということです。

認識は、理論的な文献の中で実にしばしば個体発生と系統発生との関係における類似という視点で書かれていますが、それはある混同のためです。次回申し上げますが、分析の独創性のすべては心理学上の個体発生をいわゆる「さまざまな段階」を中心にして考えない、ということにこそあるのです。「段階」などというものは、生物学的に観察できる発達の中にいかなる根拠を見出すこともできません。この発達全体は偶発事によって、つまり「テュケー」という躓きによって動いているのであって、「テュケー」はソクラテス以前の哲学が世界そのものの動因として求めたものと同じ点へと我われを連れ戻してくれます。

そもそも世界のどこかに「クリナメン clinamen」[6]がなくてはなりませんでした。デモクリトスはこのことを指摘しようとして、否定性がそれ自体で純粋に機能しているということに早くから反対し、むしろそこにはそもそも思考が導入されてあるべきだとしたのです。それゆえ彼は、「本質的なものは「メーデン μηδέν」[7]ではない」と述べて、さらに、「それは「メーデン μηδέν」ではなくて、「デン δέν」[8]である」と付け加えています。こちらの「デン」の方は、彼が作り出した言葉ですが、このことはみなさんに、私の弟子たちの一人が哲学の蒼古期と呼んだ時代においてすでに、言葉をいじくるというやり方がハイデガーの時代と同様に行われていたことを示すことにもなります。こうして彼は「ヘン ἕν」[9]とは言わず、もちろん「オン ὄν」[10]とも言わなかったのです。では彼は、この「デン」によって何を言ったのでしょうか。彼は、我われの今日の問いでもあるところの問い、つまり観念論の問いに答えるかのように、次のように言いました。「〈おそらくは、無〉だって？　〈無でもありうるが、無ではない〉ということなのだよ」[11]と。

質疑応答

F・ドルト――三歳か四歳以前の知能の形成を記述するとき、どうして段階という概念なしで済ますことができるのかが解りません。去勢の防衛とか去勢の隠蔽などの幻想についても、切断の脅威についてもやはり段階ということを考える必要もあるのではないでしょうか。

諸段階、つまり「リビードの形成者」を記述するには、自然な疑似成長などという不透明な概念を拠り所にしてはなりません。諸段階は去勢不安をめぐって組織化されるのです。性《セクシュアリテ》を導入する性交の事実は外傷的な働きを持っています。これは大きなかぎ裂きです。そしてこれが発達を組織化する機能を持っているのです。

去勢不安は発達のすべての時期を貫く糸のようなものです。この不安こそが、その本来の出現以前のさまざまな関係、たとえば離乳とか排便の躾などを方向づけるのです。

この不安によってこれらの諸契機のそれぞれが、うまくいかない出会いを中心とする弁証法の中で、結晶化されるのです。これらの段階がたしかに存在するのは、うまくいかない出会いという用語でそれらの段階を登録することができるからです。
中心となるうまくいかない出会いは性的なものの水準にあります。だからといって、去勢不安の後に広がるような性的な色合いをこれらの諸段階が持っている、というわけではありません。むしろ逆に、この同調《エンパシー》が生じないからこそ、外傷とか原光景とかいうことが言われるのです。

一九六四年二月一二日

訳註

（1）「下にある」と訳した「unterlegt」、「未決の」と訳した「unterltragen」、これらのドイツ語には疑問が残る。この二語を「unerledigt 未処理の、未解決の」と「unertragen 我慢できない、耐えがたい」という二つのドイツ語の過去分詞形に置き換えると前後の繋がりが理解しやすい。

（2）前訳註と同様、「Unerledigt 未処理のもの、未解決のもの」「Unertragen 我慢できないもの、耐えがたいもの」の二語と考えると理解しやすい。

（3）このフロイトの用語は「表象代理」あるいは「表象代表」と訳されることが多いが、直後に「表象の代わりなのです」とされていることを考慮し、本書では「表象代理」の訳を採用する。

(4)「快原理の彼岸」第V章、須藤訓任訳、『フロイト全集17』岩波書店。

(5)南アメリカの原住民で、首狩り族として名高い。切り取った首はツァンツァと呼ばれる干し首に加工される。

(6)「クリナメン」は「逸れ」「偏倚」の意。

(7)「メーデン」は「まったくの何でもないもの」の意。

(8)「デン」は造語である。

(9)「ヘン」は「一」の意。

(10)「オン」は「有」の意。

(11)「メーデン」という「まったくの何でもないもの」を意味する言葉は、辞書的に、「メーデ μηδέ」つまり「……でさえない、……ではない」という意味の語と、「ヘン」つまり「一」という語からなっている。すなわち、「一でさえない」ということから、「まったくの何でもないもの」という意味になる。したがって、この言葉を否定するためには、もともと否定の意味を持つ「メーデ」を取り外せばよいということになる。すると「ヘン」が残る。ところが「ヘン」は「一」の意なので、端的に「有」を示すことになってしまう。だが、デモクリトスは、(ラカンによれば)ここで、「無」を一つの「有」へと反転させるような弁証法を用いているのでは決してない。「無」の否定は「有」ではないのである。デモクリトスは、「メーデン」から「メーデ」をとって、つまり「無」を否定して「有」を引き出すように見せかけて、それを途中でやめ、わざと「デン」という新奇なものを残したのである。ラカンにしたがってそれをあえてイメージ的に表現するならば、それは、「無」の否定として発生しつつも、いまだ「有」には至らないもの、という位置づけを与えられることになろう。なお、細部に深入りすることになるが、一説によると、「デン」は造語でなく、実際に「事物」を表す稀な言葉だという。ラカンはここでこの説を採ってはいないが、たとえこの場合でも、稀にしか使われない言葉によって、新奇な存在論的位相にある何かをデモクリトスがすでに指し示そうとしていたのである、という立論自体は不可能ではなかろう。

対象 a としての眼差しについて

Ⅵ　目と眼差しの分裂

主体の分裂
外傷の事実性
モーリス・メルロ＝ポンティ
哲学の伝統
擬態
すべてを見ている者
夢の中にそれは現れる

話を続けます。

「反復 Wiederholung」についてはすでにみなさんの注意を喚起し、「綱で曳く haler」という語を語源学的に参照することによって、この言葉がうんざりさせるという意味を含んでいることを強調しておきました。

「haler」とは引く tirer ということです。しかし何を引くのでしょうか。フランス語のこの言葉(tirer)の多義性を生かして言えば、籤(運命)を引くということにもなります。ですから、この「強迫 Zwang」は、否応なく引かされるカードへと我われを導くものでもあるでしょう。ゲームにおいてただ一つのカードしかなければ、それを引くしかありませんから。

シニフィアンの集まりは数学的意味での集合の性質を示し、さらに、その性質はたとえば整数全体の無限性とシニフィアンの集まりを対置しているのですが、我われは、この集合の性質に導かれて、否応なく引かされるカードの機能がただちに当てはまるシェーマを思い浮かべることができます。主体はシニフィアンの主体であり、シニフィアンによって決定されているのですから、通時性の中で優先的効果を示す共時的な網目を想像することができます。ここで問題になっているのは、予見できない統計的効果ではなく、回帰をもたらすのは網目の構造そのものであることをよく理解してください。「ゲーム理論の」戦略と呼ばれるものの解明を通して、我われにとってはアリストテレスの「オートマトン automaton」がまさにそのような形を取るものだ、ということが明らかとなります。そしてまさに、フランス語では、「反復強迫 Wiederholungszwang」の

「強迫 Zwang」は「自動症《オートマティスム》 automatisme」という語で訳されています。

1

軽率に自己中心的と形容されている子供の独り言が、ある時期にはまさに統辞法的機能を果たしているということを示す観察事実を後に(1)お示ししたいと思います。この機能は前意識と呼ばれる領野に属するものですが、それは無意識の保護区《レゼルヴ》のいわば温床をなすものです。保護区というのは、社会の網目の中に置かれたインディアンの保護区というような意味での保護区です。

統辞法はもちろん前意識的なものです。しかし、主体が気づかないでいること、それは、主体の統辞法はまさに無意識の保護区と関係があるということです。主体が自身の歴史を語るとき、この統辞法を支配し、そこへと徐々に的を絞らせるなにものかの力が潜在的に働いています。しかし何に対して的を絞るのでしょうか。フロイトが心的抵抗の記述のはじめから核と呼んでいたものに対してです。

この核が何か外傷的なものと関係があると言ってみても、それは近似的なことでしかありません。ディスクールがこの核をめぐって的が絞られてくるときのこの最初の抵抗と、主体の抵抗とは区別されなくてはなりません。というのは、主体の抵抗という言い方には何らかの自我が想定されていますが、そのような自我は、この核に近づけば近づくほど、自我と呼ぶことに根拠があるのか確信を持てなくなるものだからです。

この核は現実的なものに属していると言わねばならないでしょう。知覚の同一性こそがその法則であるという意味での現実的なものに、です。究極的には、それは、フロイトが一種のサンプリングとして示したものに根拠を置いています。このサンプリングのおかげで我われは、その知覚が本物であることを保証する現実感を得て、知覚の中にいると確信することができるのです。それはどういうことでしょうか。それは主体の側からすれば覚醒と呼ばれるものにほかなりません。

先回反復とは何かという問題に取り組むにあたって、『夢解釈』の第七章のあの夢を取り上げたのは、この夢が——この夢は分析されていませんから、きわめて閉じられていて、二重にも三重にも覆われていますが——究極的な領域における夢の過程が問題となるこの時点ではとりわけ意味深いからです。覚醒を決定づけている現実とは、あの小さな物音、つまり、それに逆らって夢と欲望の王国が維持されているあの小さな物音のようなものなのでしょうか。現実とは何かもっと別のもの、この夢の不安の奥底に姿を現している何かなのではないでしょうか。つまり、父と息子の関係のきわめて内密な部分であり、死において立ち現れるものというよりは、むしろ死が彼岸においてそれであるもの、つまり宿命という意味での死において立ち現れる何かなのではないでしょうか。

みなが眠っている間にあたかも偶然のように起きたこと、つまり蠟燭が倒れシーツに火がつく、とんでもない出来事、偶発事、不運、それと、「ねえお父さん、見えないの、僕が燃えているのが?」という言葉のうちにある、たとえ覆われてはいても何か胸をえぐるようなものとの間には、反復において我われが扱っている関係と同じ関係があります。それは宿命神経症とか失敗神経症という名で我われが経験しているものです。し損ねられるのは適応ではなく、「テュケー」、つまり出会いです。

アリストテレスの定式、すなわち「テュケー」とは「選択することのできる存在 proairesis」を通してしか我われにやって来ることはないとか、幸運であれ不運であれ「テュケー」は生命のない対象や子供や動物から我われにやって来ることはないといった定式は、この夢ではまったく当てはまりません。範例的なこの夢の偶発事そのものがこのことをよく表しています。実際この点でアリストテレスは、彼にとっては「醜悪

teriotes」としか言いようのない常軌を逸した性的行動の形態を前にしたときと同じ限界にぶつかっています。

反復される偶発事と隠された意味――その意味こそが真の現実であり、我われを欲動へと導いてくれるのですが――、この二つの関係の閉ざされた側面、これこそが我われに次のことを確信させてくれます。つまり、転移と呼ばれる治療上のこのアーティファクトの謎の解明は、転移を現実状況と呼ばれているものに還元することではない、ということです。セッションの現実状況、あるいは一連のセッションの現実状況へと転移を還元してしまう方向には予備教育的な価値すらありません。反復についての正しい考え方は、転移の効果全体と混同されることのない別の方向に求められなくてはなりません。転移によってどのようにして反復の中心へと導かれるのかという点については、転移の機能について今後考察するときの我われの課題としましょう。

そういうわけで、まずは出会いの場所で主体に生じる分裂そのものの中にこの反復を基礎づけることが必要となります。この分裂は、分析の発見と経験に特有の次元をなしており、現実的なものを、その弁証法的効果において、根源的な場違いとして理解させてくれます。まさにそのようにして、現実的なものは主体のうちに欲動の最大の共犯者として見出されるのです。ただし、我われの考察が欲動を扱うことになるのは最後になるでしょう。なぜならこの道を最後まで辿って初めて、何が問題なのかが解るからです。

というのも、結局のところ、どうして原光景はそれほどまでに外傷的なのでしょうか。なぜ原光景はいつも早すぎたり遅すぎたりするのでしょうか。なぜ主体は原光景から過剰な快を得たり——少なくとも我われは強迫神経症者の原因となる外傷をまずはそのように考えていました——、あるいはヒステリー者のように快が少なすぎたりするのでしょうか。主体がそれほど深くリビード的であるということが本当なら、なぜ原光景は主体をただちに目覚めさせないのでしょうか。なぜここでは事実が「デュステュシア dustuchia(不運、出会い損ね、不幸)」なのでしょうか。なぜ疑似本能のいわゆる成熟は、あえて言えば「テュケー」という言葉に由来する「ティシック tychique」によって綴じられ、貫かれ、貫通されているのでしょうか。

さしあたり、我われの地平は性との根本的関係の中で出現する不自然な事実です。原光景がいかに外傷的であるとしても、分析可能なものとの調整を支えているのは性的共感《エンパシー》ではなく、不自然な事実である、ということから出発することが分析経験においては重要です。それは、『狼男』の分析でフロイトがあれほどまでに厳しく追究した例の光景で現れてきたもの、つまりペニスの消失と再出現の奇妙さと同じく不自然な事実です。

先回私は主体の分裂がどこにあるのかを示そうとしました。この分裂は目覚めた後も続いています。つまり、現実的なものへの回帰、結局は我に返った世界の表象、両手を挙げて「なんという不幸、何が起こったんだ、なんという恐怖、なんという失敗、なんという馬鹿さかげん、居眠りしてしまうなんて、こいつは」という表象と、一筋の糸として貫いている意識、それらすべてを悪夢として体験したことを知っている意識、それでもやはり己れを見失わずに「そういったことすべてを体験しているのはこの私だ、夢じゃないかと頬を抓《つね》る必要もない」という意識との間でこの分裂は続いています。それでもこの分裂はさらに深い分裂の代理にすぎないということは残ります。さらに深い分裂とは、夢の舞台装置の中で主体に訴えかけてくるもの、近づいてくる子供の姿、非難に満ちた眼差し、それともう一方では主体を生ぜしめるもの、そこへと主体が失墜するもの、つまり祈願、子供の声、「ねえお父さん、見えないの?」という眼差しの懇願、との間にある分裂です。

2

みなさんをお連れしている道、つまり、もっとも良いと思われる道を自由に辿り、まがった針をタピストリーの刺し縫いをするように通して、私はここで一気に飛躍します。主体の道について考えようとする人すべてと我われとが出会う場となる問いが提起される側へと飛躍するのです。

主体の道、真理の探求としての主体の道を、我われなりに危険を冒し、不自然さを反映した外傷効果《トロウマティスム》をもって切り開かなくてはならないのでしょうか。それとも、伝統的に以前から行われてきたように、主体の道を、見かけ、すなわち基本的に観念的で、いわば審美的で、視覚を中心に強調されたものとしての知覚の出発点に据えられた見かけと、真であるものとの間の弁証法という水準に位置づけるべきなのでしょうか。

今週、我われの友人モーリス・メルロ＝ポンティの遺作となった『見えるものと見えないもの』という著書が出版されて手に入るようになったのは、純粋のティシックという次元にもたらされるようなまったくの偶然では決してありません。

この著書では、我われの対話のやりとりがどんなものであったかが具体的に述べられています。これを見ると私は、ボンヌヴァルの学会のことをついこの間のことのように思い出します。そのときの彼の発言は彼がどのような道を歩んできたかをよく示しており、それは道半ばで中断されたとはいえ、それでもやはり一種の完成の域に達していたことが解ります。クロード・ルフォールに負うところのこの献身的な仕事にそのことがよく表れています。長い困難な編集の作業によって到達したと思われるこの仕事の完成に対し、私はここで彼に敬意を表したいと思います。

この『見えるものと見えないもの』は、我われに伝統的哲学の到達点を示してくれます。この伝統はイデアを前面に押し出したプラトンに始まるものですが、このイデアについて我われは次のように言うことができます。イデアは、審美的世界を出発点として、その限界でもある一つの美へと到達するのですが、至高善として存在に与えられた目的によって決定づけられているのです。だから、モーリス・メルロ＝ポンティがほかならぬ目に考察の導きを見出したのも理由のないことではありません。

終結であると同時に端緒でもあるこの著書では、以前に『知覚の現象学』で定式化されたことがもう一度取り上げられ、一歩進められていることがお解りでしょう。実際、そこでは形《フォルム》の持つ制御的機能が取り上げられ、哲学思想の進展につれて観念論《イデアリスム》の末期に現れたあの眩暈《めまい》のするような極論に対抗するものとして援用されています。観念論では、いったいどうやって表象という裏地と、表象が覆うはずのものとを貼り合わせることができるのでしょうか。そこで、「現象学」は我われを形《フォルム》の制御的機能へと連れ戻してくれました。形《フォルム》のこの制御的機能を司るのは、たんに主体の目だけではなく、主体のあらゆる期待、動き、姿勢、筋肉や内臓の感覚など、要するに、全体的志向性と呼ばれるものにおいて目指される主体の構成的現前です。

モーリス・メルロ＝ポンティは現象学そのものの限界を押し広げることによって次の一歩を進めました。彼がみなさんを導くその道はたんに視覚の現象学の次元のものではないことがお解りになるでしょう。というのもこれこそ重要な点ですが、この道は、見えるものは見る者の目のもとに我われを置く何かに依存している、ということを見出すことになる道だからです。このように言うのは少々言いすぎかもしれません。というのも、この目は私ならむしろ見る者の「芽」とでも呼ぶであろうなにものか、見る者の目以前のなにものかの隠喩にほかならないからです。メルロ＝ポンティの指し示す道を通ってしっかりと捉えなくてはならないのは、眼差しはあらかじめすでに存在しているということです。つまり、私は一点だけから見ているのに、私は私の存在においてあらゆる点から眼差されているのです。

この「見る」ということ、それに私は原初的仕方で曝されているのです。おそらくこの点にこそ、この著作の野心的意図があるのでしょうし、これが存在論への回帰となっている点でしょう。その基盤は、形《フォルム》のより未分化な体制の中にこそ見出されるべきものなのです。

ちょうどよい機会なので、ある人のご質問に答えておきますが、もちろん私にも存在論はあります。誰でも素朴なものであれ、精緻なものであれ、それなりに一つくらいは存在論を持っています。しかしもちろん、私の講義の内容がすべての経験の領野を覆うものだなどと言うつもりはまったくありません。というのも、私の講義がフロイトのディスクールの再解釈であって、本質的にはフロイトが筋道をつけた経験の固有性を中心に置いていることに変わりはありませんから。むしろ、無意識の理解によって明らかになったこの中間地帯が我われの興味を引くのは、主体はそれをぜひとも領有しておくべきである、とフロイトが指示しているかぎりでのことです。ただ付言しておきますが、自然主義と呼ぶのが慣わしになっているフロイト主義のこの局面を堅持することは、心的現実を物質化することなくその実体を与えるために不可欠であると思われます。というのは、こうした試みは唯一ではないにせよ、きわめて稀な試みの一つだからです。

モーリス・メルロ＝ポンティが示した領野、分析という経験の導きの糸によって多少とも極性を与えられた領野、すなわち視認の領野においては、存在論的境位が、そのきわめて不自然な、さらにはきわめて衰弱した影響によって示されています。我われが通過しなくてはならないのは、見えるものと見えないものの間ではありません。我われが問題とする分裂は、現象学的経験の志向性によって導かれる世界が課すさまざまな形《フォルム》に由来する距離のことではありません。ちなみに、見えるものの経験において我われがぶつかる限界はこの距離に由来します。眼差しは奇妙な偶然という形でしか、我われの経験の支えとして地平において見出されるものの象徴という形でしか、つまり去勢不安という構成的欠如としてしか、我われへと現れてはきません。

目と眼差し、これこそが我われにとっての分裂であり、その分裂の中にこそ視認の領野の水準における欲動が出現するのです。

視覚によって構成され、表象のさまざまな姿によって秩序づけられる、我われと物との関係において、なにものかがだんだんと滑り、通過し、伝わり、いつもいくぶん取り逃がされることになります。それが眼差しと呼ばれるものです。

3

この点を解っていただくためにはいろいろな道があります。眼差しの極端な例として、自然界にある謎の一つを挙げることにしましょう。それは擬態と呼ばれる現象です。

擬態については多くのことが言われてきました。そのほとんどはまず馬鹿げたことです。たとえば擬態という現象は適応のためであると説明されます。しかし私はそうは思いません。おそらくみなさんの多くが知っているあの本を挙げるだけで十分でしょう。カイヨワの『メドゥーサと仲間たち Méduse et compagnie』です。その本では、適応理論がとりわけ鋭い仕方で批判されています。まず第一に、擬態が効果的であるためにはたとえば昆虫の擬態のための突然変異は最初から一挙になされなくてはなりません。もう一つ、いわゆる適者生存の効果は、擬態によって守られているとされている昆虫もそうでない昆虫も天敵である鳥の胃の中から同等に見出される、という事実によって否定されます。

しかしいずれにせよ問題はそこにはありません。擬態に関するもっとも重要な疑問は、はたして擬態は生体そのものの持つ何らかの形成能力によるものであり、そのような能力のおかげでそれは我われに見えるような形で表れてくるのだろうか、ということです。もしそうだとするなら、この能力は、どのような回路を通って、擬態化された身体の形態そのもののみならず、身体と環境との関係までを制御することができるのかということが説明されなくてはならないでしょう。この環境の中にあって身体は、それから区別されたり混じり込んだりするのです。要するに、適切にもカイヨワが指摘したように、そのような擬態の発現が問題となる場合、特に目の機能を思わせるような擬態、つまり眼状斑が問題となる場合、その模様が衝撃を与えるのは——眼状斑がそれを眼差す捕食動物や餌食となる動物に衝撃を与えるというのは本当です——目に似ているからなのか、あるいは逆に目が魅惑的であるのはむしろ眼状斑と形が似ているからにすぎないのか、という点を明らかにしなくてはならないでしょう。言いかえれば、この問題については目の機能と眼差しの機能とを区別しなくてはならないということになるのでしょうか。

この例は、その位置、その不自然さ、その例外的性格のために特異なものですし、そのために選んだわけですが、我われにとっては、ここで取り出さなくてはならない一つの機能、「シミ」の機能とでもいうべき機能のほんのささいな現れにすぎません。この例は、見られることに対する、見せることの先行性を示すのに貴重です。

だからといって、普遍的な見る者の実在を何とかして想定する必要などありません。もしシミの機能が自律的なものであり、眼差しの機能と同じものと言えるなら、視認の領野における世界の構成のあらゆる段階に、その機能の逃げ道、筋、痕跡を求めることができます。そうすれば、シミの機能と眼差しの機能は、もっとも密かに視認の領野を支配するものであると同時に、自らを意識であると想像することだけで満足している視覚についてのこの形の把握がつねに取り逃がしているものであることが解るでしょう。

それに基づいて意識がそれ自身へと立ち戻ることができるもの、ヴァレリーの『若きパルク』のように「私を見ている私を見る」という形で意識がそれに基づいて自身を捉えることができるもの、それはいわば手品のトリックのようなものです。その際、眼差しの機能によって一つの回避がなされているのです。

それこそ先回我われが考え出したトポロジーによって把握することのできるものです。

我われはこのトポロジーを、夢によって主体に与えられる想像的な諸形に、主体がそれを、覚醒状態の想像的な諸形に対置されるものと捉え、近づくときに、主体の位置に現れてくるものを出発点に作り出しました。

同様に、分析経験がナルシシズムという名で呼んでいる、主体にとってとりわけ満足をもたらす次元の中に――その次元では、私は主体が鏡像にその参照点を持っているという構造を再び導入しようと努めました――、そしてそこから拡散する満足のようなもの、さらには自己満足のようなものの中に、我われは、逃げ去ってしまったあるもの、すなわち眼差しの機能をも捉えることができるのではないでしょうか。この自己満足において主体はかくも根本的な無視に対する支えを見出すのですが、その影響は熟視という様式で主体が出会う充実という哲学的伝統の基盤にまで至っているのではないでしょうか。これはモーリス・メルロ＝ポンティも指摘していることですが、私は、我われは世界の光景の中で眼差される存在である、と理解しています。我われに意識を持たせるものは同時に我われを「世界の鏡 speculum mundi」として存立させます。さきほど、私がモーリス・メルロ＝ポンティにしたがって述べた、この眼差しのもとにあるということには満足があるのではないでしょうか。我われを取り巻き、まずは我われを眼差される存在にしてしまうこの眼差し、それは姿を現さない眼差しです。

世界の光景はこの意味で我われにとってすべてを見ている者として現れます。それこそ、すべてを見ている者の性質を付与された絶対的存在というプラトン的な見地の中に見出される幻想です。熟視の現象的経験の水準においてすら、このすべてを見ている者という側面は、見ている者が姿を現さないという条件で眼差されていることを自ら知っている女性の満足に認めることができます。

世界はすべてを見ている者であって、露出症者ではありません。というのは世界は我われの眼差しを挑発するわけではないからです。もし世界が眼差しを挑発しはじめたなら、そのときには不気味さもまた始まります。

これはどういうことでしょうか。それはいわゆる覚醒状態においては眼差しの省略があるということにほかなりません。ただ、それが眼差すということの省略だけではなく、「それが現れる」ということの省略があるのです。逆に夢の領野ではさまざまなイメージの特徴とは、「それが現れる」ということです。

それが現れる。しかしここでもまた、何らかの形で主体のズレが明らかとなります。どんなものであれ、夢テクストを見てください。先回検討した夢でなくても、他のどんな夢でもいいのですが、先回の夢の検討では私がこれから言わんとすることが謎めいたままになっているかもしれません。夢テクストを座標の中に位置づけ直してみてください。そうすれば「それが現れる」が前面に出ているのが解るでしょう。それは、それを位置づけるさまざまな特徴とともにあまりに前面に出ているので――それらの特徴は、覚醒状態において熟視されているものなら持つはずの地平という性質を持たず、閉じているということや、また夢のイメージの方から出現してきたり、陰影をなしたり、シミになったりするという性質、さらにはそれらのイメージの色が強調されたりすることなどですが――夢における我われの位置は、結局のところ本質的には見ている人の位置とは言えないほどです。主体はどこに至るのかを知らないままについて行きますが、場合によっては我にかえって、これは夢だと言うこともできます。しかし、デカルトの「コギト」において主体が思考として自らを把握するような仕方では、主体は夢の中で自らを把握することは決してできないでしょう。「これは夢にすぎない」と呟くことはできるかもしれません。しかし、「それでもやはり、私はこの夢の意識だ」というほどに自らを把握することはありません。

夢の中で彼は蝶々です。それはどういう意味でしょうか。それは、眼差しという現実性において蝶々を見る、ということです。これほど多くの人の姿、画像、色彩が現れるのはどういうことなのでしょうか。それはただ「見せる」ということにほかなりません。そこには眼差しの本質的始原性が現れています。その蝶々は、そう、狼男を恐れ慄かせたあの蝶々とそれほど違いません。モーリス・メルロ＝ポンティはこの夢の重要性をよく知っていて、彼の著書の傍註で触れています。荘子は目覚めると、むしろ蝶々の方が荘子になった夢を見ているのではないか、と訝ります。彼はそもそも二重の意味で正しいといえます。第一に、このことが彼が狂人ではないことを証明しているのですが、彼は自分が絶対的に荘子と同一であるとは思っていないからです。そして第二に、彼はそれほどうまく言えたとは思っていないからです。実際、自身の同一性の何らかの根のところで自らを捉えたのは、彼が蝶々であったときでした。つまり実際、彼は蝶々固有の色で描かれた蝶々であったから、いやむしろ本質においては今もそうであるからこそ自分自身を捉えることができたのです。そして、それだからこそ、究極の根において彼は荘子なのです。

その証明は、彼が蝶々であるときには、目覚めて荘子になったら今夢の中でなっている蝶々でなくなるのではないか、と考えることなどありえないからです。つまり、蝶々になっている夢を見ているのだとしたら、自分のことを蝶々だと思っていたと証言するのはおそらく後になってからだからです。しかしだからといって、彼は蝶々の虜になっていたわけではありません。彼は捕獲された蝶々です。しかし、なにものによっても捕獲されているわけではありません。というのは夢の中で、彼は誰かにとっての蝶々ではないからです。彼が他の人たちにとっての荘子となり、他の人たちの捕虫網に捕らえられるのは彼が目覚めたときです。

それだからこそ、主体が荘子ではなく狼男であるならば、主体は蝶々によって恐怖症的戦慄を引き起こされ、小さな羽の羽ばたきが作因性の羽ばたきからそれほど遠いものではないことを、つまり彼の存在が欲望の格子で初めて傷つけられたことを示す原初的縞模様の羽ばたきからそれほど遠いものではないことを、知ることになります。

次回は視認の満足の本質を論じるつもりです。眼差しはそれ自身の中にラカン的代数でいう対象 a を含み持つことができます。そして、主体はそこに落ちにやって来るのです。視認の領野の特徴をなし、この領野に固有の満足を生ぜしめるのは、構造上の理由から主体の落下がいつも気づかれずにいる、という事実です。気づかれずにいるのは、この落下がゼロになってしまうからです。対象 a としての眼差しが、去勢の現象において現れる中心的欠如を象徴化することになり、その本性上次第に消えていく点状の機能に還元されるものであるというかぎりで、眼差しは、主体が見かけの向こうには何があるのかを知らないままにしておくことになります。この無知は哲学的研究の道のうえのあらゆる思想の進展に見られる際立った特徴です。

質疑応答

X・オードゥアール――分析においては患者にどの程度こちらが眼差していることを知らしめるべきでしょうか。つまり、患者の中に眼差される過程を眼差す者として我われが位置づけられていることをどの程度知らせるべきか、ということです。

もう少し高い視点からお話しすることになると思いますが、ここでの私の話には二つの目的があります。一つは分析家に関わるものです。そしてもう一つは、はたして精神分析は科学かということを知ろうとここにいらっしゃる方に関わるものです。

精神分析は「世界観 Weltanschauung」でも、宇宙の鍵を与えると主張する哲学でもありません。精神分析は歴史的には主体の概念を磨き上げるという固有の目的にしたがってきました。精神分析は主体をシニフィアンに従属させることでこの主体の概念を新しい仕方で据えました。

知覚から科学へと至ること、これはごく自然な見地のように思われるかもしれませんが、そう思うのは主体が存在を把握するためのより適切な試験台を持っていなかったというかぎりでなのです。この道はアリストテレスがソクラテス以前の思想家たちを取り上げたときに辿った道そのものです。しかし、分析経験から、この道は修正しなくてはならないことが明らかとなりました。なぜなら、この道は去勢という深淵を避けているからです。たとえば、神統記や創世記には点状の局面としてしか「テュケー」が入っていないということからもそのことが解ります。

ここで私は、「テュケー」が視覚的把握ではどのように表象されるかを考えてみたいと思います。私がシミと呼ぶ水準に、視認の機能における「ティシック（テュケー的）」な点が位置することをお示ししましょう。それはすなわち、眼差しと眼差されるものの相互性の平面は主体にとって何よりもまず不在証明の役に立つということです。それゆえ、我われがセッションで介入する際、主体がこの水準に据えられないようにするのがよいでしょう。むしろ、幻影にすぎないこの究極の眼差しの点から主体を切り離さなくてはならないでしょう。

あなたが指摘されたそうした障壁は、我われがまだ大いに慎みを持っているということを示しています。我われは決して患者に「おやおや、なんていうしかめ面をしているんです」とか、「あなたのチョッキの第一ボタンが外れていますよ」などということは言いません。分析が対面法で行われないのはやはり理由のないことではありません。眼差しと視覚との間が分裂しているからこそ、お解りのように、視認の欲動が欲動のリストに加えられるのです。よく読んでみれば、フロイトは『欲動と欲動運命』においてすでに視認の欲動を前面に据え、それが他のものと同質のものではないことを示しているのが解ります。実際、視認の欲動は去勢の項をもっとも完璧に回避する欲動です。

一九六四年二月一九日

訳註

（1） 本書下巻XVI課2。

Ⅶ　アナモルフォーズ

意識の基礎について
対象 a としての眼差しの特権
盲人の光学
絵《タブロー》の中のファルス

お前の面影《イマージュ》は空しく私に会いにやって来て
私の中に入ろうとするが、私はただお前の面影《イマージュ》を映し出しているだけ
お前は私の方に向き直るが、そのときお前が私の眼差しの壁の上に見つけるのは
私が夢見ているお前の影、ただそれだけ

私はまるで鏡のような不幸者

映し返すことはできても、見ることはできない
私の目は空っぽで、鏡のように
お前の不在に取り憑かれ、何も見えない

最近のある講義のはじめに、私がアラゴンの『エルザの狂人』の中の「対旋律」と題されたこの詩句を引用したことを覚えておいででしょう。そのときは、眼差しについてこれほど論じることになろうとは思っていませんでした。そういう方向へと流れが変わったのは、フロイトにおける反復という概念を提示するのに必要だからでした。反復についての説明の最中に、このように視認の機能について語るのは脱線であることは、やはり否定できません。たぶん、最近出版されたモーリス・メルロ＝ポンティの著作『見えるものと見えないもの』に触発されたのでしょう。また、そこに出会いがあるとすれば、それは幸運な出会いであり、その出会いは無意識という視野の中で意識をどう位置づけるかということを指し示すことになる、と私には思われます。今日はこの問いをさらに追究するつもりです。

ご存じでしょうが、フロイトのディスクールそのものの中では、意識という事実は何

らかの影、いやそれどころか、今後この用語を使おうと思いますが、染め物をするときの染め残しという意味での残り分(保護区)《レゼルヴ》の刻印を帯びています。

先回終わったところから始める前に、ある用語についてははっきりさせておかなくてはなりません。この用語は、先回私の講義を聞いていた人たちによく聞き取れなかったそうですから。まことに単純な語ですし、しかも私は説明しながら使ったのに、どうして困惑されたのでしょう。それは「ティシック tychique」という語です。この「ティシック」という音は人によってはたんにくしゃみにしか聞こえなかったようです。しかし私は、「プシュケー psuché[1](心)」に対応する形容詞がプシシック psychique(心的)であるのと同じように、これは「テュケー tuché」の形容詞だとはっきり説明しておいたのです。このようなアナロジーを反復という経験の核心で持ち出したのには理由がありました。というのは、分析が明らかにした心的 psychique 発達という概念にとってはつねにティシックな事柄が中心的だからです。今日の私の話もまた、まさしく目との関係で、「ユーテュシア eutuchia」つまり幸運な出会い、あるいは「デュステュシア dustuchia」つまり不運な出会いとの関係で整理されるでしょう。

1

「私は私を見ている私を見ていた」と若きパルクはどこかで言っています。たしかにこの言葉が十全かつ複雑な意味を持つのは『若きパルク』が展開している主題、すなわち女性性の主題が問題になるときですが、我われはまだそこまで至っていません。我われが関わっているのは哲学者です。つまり、表象との関係における意識の本質的相関物の一つであるもの、「私は私を見ている私を見る」というような形で表現されるなにものかを把握している哲学者です。この「私は私を見ている私を見る」という言い回しにいったいどのような明証性を与えることができるのでしょうか。この言い回しが結局、デカルト的「コギト」――これによって主体は自らを思考として把握するのですが――という形で我われが依拠してきた基本的様式といかにして相関しつづけることになるのでしょうか。

この思考自身による思考の把握を取り出しているもの、それは方法的懐疑と呼ばれてきた一種の疑い、表象という形での思考に対する支えとなりうるものすべてに関する疑いです。そうだとしたら、いったいどうして「私は私を見ている私を見る」ということがこの把握の外包や根底でありつづけ、そしておそらくは普通考えられている以上にこの把握の確信を基礎づけていることになるのでしょうか。と言いますのは、「私は私を暖めて暖まる」、これは身体としての身体への参照であり、この場合は私は、私の中のどこか一点から拡がっていき、私を身体として位置づける暖かさの感覚に捕らえられています。これに対して「私は私を見ている私を見る」の場合には、同じような仕方で私が視覚に捕らえられているとは、決して感じられませんから。

そのうえ、現象学者たちは厳密に、しかし困惑させるような仕方で次のように言うことができました。――私は「外部に」見る、知覚は私の中にあるのではない、知覚は知覚がつかんでいる諸対象の側にある、ということはまったく明らかである。しかし私は、「私は私を見ている私を見る」の内在性に基づくように思われる知覚において世界を把握している――と。ここでは主体の特権はこの二極的な反射の関係によって打ち立てられているように見えます。そしてその結果、私が知覚するやいなや私の表象は私に属するものになってしまっています。

その結果、世界は観念化の思弁に見舞われることになります。つまり世界が私に引き渡しているものは私の表象にすぎないのではないか、という疑念に見舞われます。堅実な実践がそのような疑念にゆらぐことはありませんが、逆に哲学者や観念論者は、自分自身に対してだけでなく彼に耳を傾ける人に対しても、困った立場に置かれます。世界のなにものも私の表象の中でしか現れない、このことをどうすれば否定できるのか、これこそバークリー司教が決然と進んだ道です。ですから彼の言う主観的位置に関しては大いに言うべきことがあります。たとえば、みなさん見過ごされたかもしれませんが、所有権を思わせるような、表象は「私に属している」という言い方に関してです。極限のところでは、この省察の過程、自分へ戻ってきてしまうこの反射的内省の過程は、デカルト的省察が把握する主体を一つの無化する力に還元してしまうところまで至ります。世界への私の現前の様式、それは、主体であるというこの唯一の確信に自らを還元しようと大いに努める結果、能動的な無化になってしまうものとしての主体です。哲学的省察を続けていくと実際、変化を引き起こす歴史的行動へと主体を反転し、この点の周囲に、歴史的メタモルフォーズを通して形成された能動的自己意識の諸様態を位置づけることになります。ハイデガーの思索においてその頂点に達した存在に関する省察について言うならば、それはこの無化する力を存在そのものにもう一度据え直すこと、あるいは少なくともこの無化する力を存在そのものといかにして関連づけることができるかという問いを立てることです。

モーリス・メルロ＝ポンティが我われを導く先もまたこの点です。しかし、彼のテクストを読んでみると、彼が退却を選択するのもまさにこの点であることがお解りになるでしょう。それは、見えるものと見えないものに関する直感の源泉へと立ち戻り、視覚それ自体の出現を印づけるために、措定的であれ非措定的であれあらゆる反省以前のものへと戻ることを我われに勧めるためです。彼にとって問題は次の道のりを修復することです。なぜなら彼が言うには、重要なことは再構築あるいは修復のみであり、それとは逆方向の道ではまったくないからです。そこでの道のりとは、身体からではなくて、彼が世界の肉と呼んだものから視覚の原点が現れ出たその道のりのことです。こうしてみると、この未完の著作において目論まれているのは、見るものとしての私自身がそこから抽出される無名の実質の探求であることが解ります。玉虫色の輝きの――私もまずはその一部なのですが――放射状のもの、あるいはむしろ光線から、私は目として出現し、「物見 voyure」[2]の機能とでも言うべきものがいわば[3]姿を現すのです。

そこからは野生の匂いが立ち上り地平にはアルテミスの狩猟が垣間見えます。この狩猟の色調は、我われが語り手メルロ＝ポンティを失ってしまったという悲劇的瓦解の契機と結びついているようです。

しかしそれが彼の辿ろうとした道だったのでしょうか。彼の省察のうち将来書かれるべく残された部分の痕跡を辿ってみると、どうもそうではないように思われます。そこに示されている目印、とりわけ本来の意味で精神分析的な無意識に対して示されている目印を見ると、彼は哲学的な伝統とは違う独創的な研究へと、つまり分析のおかげで可能となる主体についての新たな次元の省察へと向かうことになっただろう、ということが解ります。

私はといえば、これらの覚え書きのいくつかに衝撃を受けるばかりです。私にとってはこの覚え書きは他の読者にとってほど謎めいたものではありません。というのは、今後ここでお示ししようと思ういくつかのシェーマ、特にそのうちの一つとこの覚え書きはまさしく一致するからです。たとえば、彼が手袋の裏返しと呼んでいるものに関する覚え書きを素直に読んでみてください。というのは、そこには、冬の手袋において革が毛皮を包む仕方を考えてみれば解るように、意識は、「自分を見ている自分を見る」という意識の錯覚の形で、眼差しの裏返された構造の中にその基礎を持っていることが示されているからです。

2

しかし、眼差しとは何でしょうか。

主体の還元の領野において一つの亀裂が刻印される最初の無化の点から出発しましょう。この亀裂のために我われは別の参照項を導入する必要に迫られます。それは、分析が意識の諸特権を還元するにあたって取り上げる参照項です。

分析は意識を徹底的に限定されたものと見なし、意識を、たんに観念化の原理としてだけでなく無視の原理として、また、視覚の領域を参照することによって新たな価値を持つ用語を使っていえば「視野暗点」として考えています。この「視野暗点」という用語はフランス学派によって初めて精神分析の語彙の中に導入されたものですが、これはたんなる譬えでしょうか。ここにもまた、視認欲動の領域に記入されたものに関わるもののすべてに刻印された両義性が見られます。

意識が我われにとって重要なのは、不完全なテクストという虚構の中で、私が予備教育的な目的でみなさんに示そうとしたものとの関係によってのみです。つまり、そこから出発して、話す者としての主体の中心を、一見したところその主体が話す者として現れる空隙そのものへと定め直すということです。しかしこれは前意識と無意識との関係を述べたにすぎません。意識自体にかたく結びついている力動、すなわち主体が自身のテクストに対して示す注意は、これまでは、フロイトが強調しているように、理論の外に留まったままであり、まさしくまだ言葉にされないままになっています。

私がここで申し上げたいのは、主体が自らの分裂から得る利益は、この分裂を決定しているもの、すなわち現実的なものの接近自体によって引き起こされる何らかの原始的な分離や自己切断から現れ出る特権的な対象と結びついている、ということです。そしてこの対象の名前は、我われの代数学では対象 a です。

主体とは本質的な揺れの中で幻想に吊り下げられているようなものですが、視認関係においては、その幻想が依存している対象は眼差しです。眼差しの特権は、そしてまた主体があれほど長い間自らをこの依存の中にあるものとして認めずにいることができた理由も、眼差しの構造そのものに由来しているのです。

早速、言いたいことを図式化してみましょう。主体がこの眼差しに焦点を合わせようとするやいなや、この眼差しは点状の対象、消えゆく存在の点となり、この点を主体は自身の瓦解と取り違えます。また、欲望の領野で主体が自らの依存を認識できるすべての対象の中でも、眼差しは捉えられないものという特徴を持っています。このため、眼差しは他のすべての対象にもまして無視され、またおそらくそれゆえにこそ主体は、自身の消えゆく点状のものであるという特徴を、「自分を見ている自分を見る」という意識の錯覚という形で幸運にも象徴化する方法を見出すのです。この錯覚の中で眼差しは消えてしまいます。

では、眼差しが意識の裏面であるとするなら、眼差しを思い描くにはどうしたらよいでしょう。

眼差しは意識の裏面である、という表現はまったく不適切というわけではありません。というのは、眼差しには実体を与えることができるからです。サルトルは『存在と無』の中のもっとも見事な箇所で、他の人の実在という次元で、眼差しを機能させています。もし眼差しがなかったとしたら、他の人というものは、サルトルの定義では、部分的には実現化できない条件、つまり、客観性という条件にまさに宙づりのままになっているからです。サルトルの言う眼差しとは、私に不意打ちをくらわす眼差しです。つまり、私の世界のあらゆるパースペクティヴや力線を変えてしまい、私がそこにいる無の点を露わにし、私の世界を、他の諸々の生命体からの一種の放射状の網目へと秩序づけるという意味で、私に不意打ちをくらわす眼差しです。無化する主体としての私と私を取り巻くものとの関係の場において、眼差しは、私をして——眼差している私をして——私を対象として眼差している人の目を暗点化させるにまで至る、という特権を持つことになります。私が眼差しのもとにあるかぎり、私はもはや私を眼差している人の目を見ることはできないし、逆にもし私が目を見れば、そのときは眼差しは消えてしまう、とサルトルは書いています。

これは正しい現象学的分析でしょうか。そうではありません。私が眼差しのもとにあるとき、私が誰かの眼差しを求めるとき、私がそれを獲得するとき、私は決してそれを眼差しとしては見ていない、というのは真実ではありません。画家たちはこの眼差しそのものを仮面の中に把握することに長けています。そのことをお解りいただくには、たとえばゴヤを挙げれば十分でしょう。

眼差しは見て取られるのです。つまり、サルトルが記述した、私を不意打ちするあの眼差し、私を恥そのものにしてしまう——というのはサルトルが強調したのはこの恥という感情ですから――あの眼差し、それは見て取られるのです。私が出会う眼差し、それはサルトルのテクストの中にも読み取られるべきものですが、〔実際に〕見られた眼差しのことではまったくなくて、私が〈他者〉の領野で想像した眼差しです。

彼のテクストに当たってごらんになればお解りになると思いますが、彼は視覚器官に関わるものとしての眼差しの出現のことを語っているのでは決してなくて、狩りの場合の突然の木の葉の音とか、廊下に不意に聞こえる足音とか――これはどういうときかというと、鍵穴から眼差すという行動において彼自身が露呈するときです――のことを言っているのです。覗いているときに眼差しが彼に不意打ちをくらわせ、彼を動揺させ、動転させ、彼を恥の感情にしてしまうのです。ここで言われている眼差しは、まさに他の人そのものの現前です。しかし、眼差しにおいて何が重要かということを我われが把握するのは、そもそも主体と主体との関係において、すなわち私を眼差している他の人の実在という機能においてなのでしょうか。むしろ、そこで不意打ちをくらわされたと感じるのが、無化する主体、すなわち客観性の世界の相関者ではなくて、欲望の機能の中に根をはっている主体であるからこそ、ここに眼差しが介入してくるのではないでしょうか。

欲望がここではまさに物見の領野において成立しているからこそ、我われはその欲望をごまかして隠すことができるのではないでしょうか。

3

欲望の機能の領野における眼差しの特権を我われが把握することができるのは、視覚の領野が欲望の領野へと統合されていった、いわばその筋道に沿って進むことによってです。

私がこれから実測的と呼ぶことによって特徴づけようと思う光学の次元が発達したのは、まさしくデカルトの省察が主体の機能をその純粋性において創始した時代であったのですが、これは偶然ではありません。

その時代に奇妙にもあれほど多くの考察を引き起こしたという点で範例的と思われるものについて、とりわけ一つの対象を例に挙げてみなさんに説明することにしましょう。

今日みなさんに感じ取っていただこうとしていることをより詳しく知りたい方には、参考文献があります。それは、バルトルシャイティスの(4)『アナモルフォーズ』(5)という本です。

私はアナモルフォーズの機能をセミネールの中で大いに利用してきましたが、それは、これが範例的な構造だからです。円筒形のアナモルフォーズのような複雑なものでなく、単純なアナモルフォーズは何から成り立っているのでしょう。いま私がかざし持っているこの紙に肖像が描かれていると考えてください。ご覧のように、黒板はこの紙に対して斜めの位置にあります。紙の上に描かれた像のそれぞれの点を理念上の糸や線を使って斜めに位置する黒板の上に移してみると、どういうことになるか容易にお解りのことと思います。いわゆる透視図法のいくつかの線によって、拡大され変形された図が得られます。この構築に使われたものを、つまり私の視野の中にある紙の像を取り去っても、同じところから見ているかぎり私の受ける印象はほぼ同じであることがお解りでしょう。少なくとも元の像の全体的な特徴が認められるでしょうし、うまくすれば同じ印象が得られることでしょう。

これからみなさんにお回しするものは、その約百年前、つまり一五三三年の日付がついています。どなたもご存じのハンス・ホルバインの『使節たち』(6)という絵の複製です。この絵をご存じの方は記憶を新たにされるでしょう。ご存じでない方は注意してよくご覧になってください。この絵についてはのちほど述べましょう。

視覚は、一般に像と像との関係機能と呼ばれる様式のもとで秩序づけられています。この関係機能は、空間内の二つの個物相互の点と点との対応として定義されます。両者の関係が成り立つための光学的媒介物が何であれ、また像が虚像であれ実像であれ、点と点との対応が必要不可欠です。だから、視野に像として見えるものはアナモルフォーズを成立させるきわめて単純な図式に還元されます。つまり、ある表面に結びつけられている像の一点と、これから我われが実測点と呼ぶ点との関係に還元されます。この方法によって決定されたものは何であれ、像と呼ぶことができます。そこでは直線がその役割、つまり光の進路という役割を果たしています。

芸術はここで科学と混じり合います。レオナルド・ダ・ヴィンチ(7)は彼の屈折光学的構築物からすれば学者であり、また同時に芸術家です。ヴィトルヴィウスの建築論もそれに近いところがあります。透視図法の実測的法則の探求が進められたのはヴィニョーラ(8)やアルベルティ(9)においてです。また視覚の領域に関する特別な興味の中心は透視図法の研究にありました。これについては、デカルト的主体の設立との関係を見ないわけにはいきません。というのもデカルト的主体もまた一種の実測点、透視図法上の点だからです。そしてこの実測的透視図法を中心にして、絵《タブロー》は絵画史の中でまったく新たな仕方で整理されたのです。絵というこのきわめて重要な機能へは、いずれ戻ることにしましょう

さて、どうかディドロを参照してください。『目の見える人々のための、盲人に関する書簡』をお読みになれば、実測的透視図法というこの構築物が視覚とはどういうものかということをまったく取り逃がしていることがお解りになるでしょう。というのは、盲人もまた視覚の実測的空間を、たとえその中に私が大いに強調した鏡の虚の空間における想像的諸部分が含まれていたとしても、完全に再構築し、想像することができるからです。

実測的透視図法において問題とされているものは、ただ空間の位置決定だけであって、それは見られているわけではありません。盲人は、自分が知っている空間、それも現実的なものとして知っている空間の領野が離れたところにあり、瞬時に知覚されうるものだということをちゃんと理解しています。そのためには、ある時間的機能、つまり瞬間性ということを知りさえすればよいからです。デカルトの屈折光学を見てください。そこでは両目の作用は二本の棒の共同作用として示されています。ですから、視覚の実測

的次元は、視覚という領野そのものが始原的な主体生成的関係として我われに提示するものを、決して汲み尽くしてはいないのです。

だからこそ、アナモルフォーズの構造においては透視図法がどのように反転した形で使用されているかを明らかにすることが重要です。

透視図法を確立するための装置を考案したのはデューラーその人です。彼の考え出した「小門」は、さきほど私が私と黒板の間に置いたものに相当します。つまり一つの像です。もっと正確に言うなら、直線が通過するキャンバス、木枠です。直線と言いましたが、それは必ずしも光線である必要はなく、糸でもかまいません。そして、この直線によって、世界の中に私が見るべきそれぞれの点と、この直線がキャンバスを通過する点とが結びつけられます。

ですから、透視図法上正確な像を作るためにこそ、この「小門」は設置されているわけです。その使用法を逆転してみると面白いことになります。つまりその場合は、もう一方の平面上には、直線の反対側の端にある世界の復元像が得られるのではなくて、この像の変形されたものが得られます。それによって意のままに一種独特な引き伸ばされた像が現れ、絶好の気晴らしとしてこの操作をいつまでも続けることができるでしょう。

このような楽しみが実際にその時代に行われたということを、どうか想像してみてください。バルトルシャイティスの本をお読みになれば、こうした実践に関して激しい議論が戦わされ、その結果かなりの数の著作が生まれたことがお解りになるでしょう。今では取り壊されてしまいましたが、トゥルネル通りの脇にミニモ会[10]の修道院がありました。その回廊の一つの大変長い内壁の上に一枚の絵がかかっていました。この絵には奇しくもパトモス島の聖ヨハネが描かれていましたが、その変形的な効果が十分に発揮されるためには一つの穴を通して見なくてはなりませんでした。

この特別なフレスコ画の場合は違いますが、変形作用というものはあらゆるパラノイア的な多義性を招くものです。またアルチンボルドからサルバドール・ダリに至るまで、ありとあらゆる変形作用が使われてきました。その魅力は、透視図法に基づく実測的研究が視覚に関して取り逃がしてしまったものを補っていると言ってもよいほどです。

ここでみなさんのうちどなたかはきっと……勃起の効果のことを思い起こされたでしょう。休息状態にあるこの打って付けの器官に彫られた入れ墨を考えてみてください。それはこの器官のもう一つの状態のときに、言うなればその開花した姿を現します。

実測的な次元、つまり眼差しの領野の中の部分的次元、視覚そのものとは何の関係もない次元、この次元に内在する欠如の機能という象徴的ななにものか、ファルスのファントムの出現という象徴的ななにものかを、どうしてここに見ないわけにいきましょう。

さて、さきほどの『使節たち』という絵はもうみなさんすべてに回りましたね。何が見えましたか。二人の人物の前にある、前景の、この奇妙な、宙に浮いた、斜めのもの、これは何でしょうか。

二人の人物は物々しい出で立ちで不動の姿勢をとっています。この二人の間には、当時の絵画において「虚栄 vanitas」の象徴を表すものであった一連の物体が描かれています。これと同時代のコルネリウス・アグリッパ[11]は『諸学問の空しさについて De vanitate scientiarum』という本を――これは諸学問だけでなく諸技芸のことも扱っています――著しましたが、ここに描かれている物体はすべて、みなさんご存じの「三学 trivium」[12]や「四科 quadrivium」[13]の中にその当時まとめられていた諸学問や諸技芸を象徴するものです。では、きわめて魅惑的な諸々の形をしたうわべだけの物々しさの前にあるこれは何でしょうか。この飛んでいるような、傾いたものは何でしょうか。みなさんはそれを知ることができません。なぜなら、みなさんは、この絵の魅惑から免れると目を逸らしてしまうからです。

みなさんを長い間魅了したこの絵がかかっている部屋からみなさんが出ようとする、そのとき、『アナモルフォーズ』の著者も書いているように、出がけに振り向いてみると、そこに何が見えるでしょう。髑髏です。

はじめは決してそのようには見えません。『アナモルフォーズ』の著者はイカの甲に見えると書いていますが、私にはむしろ、わざと惨めに薄汚れて、さらに意識もないように描かれた老女の頭の上にダリが昔好んで乗せた二ポンドのパンや、同じくダリが描いた柔らかい時計が思い出されます。それらの意味はこの絵の前景に飛んでいるように描かれているものの意味に劣らずファルス的なものです。

こうしたことすべてが示していることは、主体というものがくっきりと現れはじめ、実測光学が探求されるまさにその時代のさなかに、ホルバインはあるものを我われに見えるようにしたということです。それは無化されたものとしての主体にほかなりません。無化されたと言いましたが、正確に言うとここでは、去勢という「モワン・フィー（$-\varphi$）」を像によって受肉化するという形での無化です。去勢は、基本的な諸欲動の枠組みを通すことによって、諸欲望の組織化全体の中心軸を、我われに対して定めるものです。

しかし、視覚の機能についてはもっと先まで探求しなくてはなりません。そうなったとき、この視覚の機能から、ファルス的な象徴やアナモルフォーズ的なファントムでは決してなく、眼差しそのものがくっきりと現れるのがお解りになるでしょう。しかも、この絵においてそうであるように、その拍動的で輝かしく伸び広がる機能において、眼差しがくっきりと現れるのがお解りになるでしょう。

この絵は、あらゆる絵と同じように、眼差しの罠以外のなにものでもありません。いかなる絵においても、その絵の一つひとつの点に眼差しを探そうとするまさにそのときに、眼差しは消えてしまいます。そのことは次回はっきりさせようと思います。

質疑応答

F・ヴァール――サルトルが記述しているような、他の人の眼差しの中に眼差しを最初につかむことは、眼差しの根本的な経験ではない、とおっしゃいました。あなたが大まかに述べられたこと、つまり眼差しを欲望の方向の中で捉えること、これをもう少し説明していただきたいと思います。

欲望の弁証法を前面に据えなければ、どうして他の人の眼差しが知覚の領野を混乱させるのかを理解することはできません。ここで問題にしている主体は反省意識の主体ではなくて、欲望の主体です。重要なのは実測的な目の点だと考えられていますが、そうではなくまったく違う目、つまり『使節たち』の前景に飛んでいる目こそが重要なのです。

——でも、どのようにして他の人があなたのお話の中に再び現れるのか、解らないのですが……。

いいですか、大事なこと、それは、私が転んで、話せなくなったりしないことです。

——もう少し申し上げたいことがあります。主体と現実的なもの、この二つについてお話しになったとき、はじめはこの二つの項をそれぞれ別個に考えたくなります。しかし、やがてこの二つは両者の関係の中で捉えられるべきであること、そしてこの二つはトポロジー的な定義を持っていること、つまり主体と現実的なものは幻想という抵抗の中で分裂の両側に位置づけられるべきであることが解ってきます。現実的なものはいわば一種の抵抗の経験です。

私の話は次のように紡ぎ出されています。つまり、いかなる項も他の諸項とのトポロジー的な関係によってのみ支えられており、「コギト」の主体も同じことです。

――あなたにとってトポロジーは発見の方法ですか、それとも説明の方法ですか。

分析家である我われの経験に固有なトポロジーの正確な位置を定めるということがまずあって、その後、それを形而上学的な観点から再度取り上げることもできるでしょう。メルロ＝ポンティはこの道を進んだと私は思います。彼の本の第二部を見てください。彼はそこで『狼男』と手袋の指のことを述べています。

P・コフマン――眼差しに関する典型的な構造を示されましたが、光の拡散についてはお話しになりませんでした。

眼差しは目ではない、と私は言いました。もっとも、ホルバインが大胆にも私自身の柔らかい時計を私に示してみせたこの飛んでいる形においては別ですが。次回は、受肉化された光についてお話ししましょう。

一九六四年二月二六日

訳註

（1）tuché と同じくギリシア語。
（2）覗く人 voyeur との関連での新造語。
（3）狩猟の女神。彼女の裸身を覗き見たためにアクタイオンは鹿に変えられ、自分の猟犬に引き裂かれて死んだ。
（4）リトアニア出身の美術史家。
（5）邦訳、高山宏訳、国書刊行会。
（6）本書表紙カバー参照。この作品が描かれた一五三三年は、デカルトの『省察』が公刊された一六四一年の約百年前にあたる。

(7) 紀元前一世紀のローマの建築家。その『建築論』はルネッサンス期の建築家たちの理論的出発点となった。

(8) イタリアの一六世紀の建築家。

(9) イタリアの一五世紀の建築家。

(10) 一四三五年にパオラの聖フランチェスコが創立した修道会。後にミニモ修道会の名で呼ばれた。

(11) 一五―一六世紀のドイツの医師、錬金術師、哲学者。

(12) 文法学、修辞学、論理学。

(13) 算術、幾何学、天文学、音楽。

VIII 線と光

欲望と絵《タブロー》
鰯の缶詰の話
遮蔽幕
擬態
器官
君は決して私が君を見るところに私を眼差さない

目の機能は、みなさんを啓蒙しようとする者をはるかな探求へと導きます。たとえば、いったいいつから、この目という器官の機能、まずはその単純な形態が生物の歴史の中に出現したのでしょうか。

主体と器官との関係は分析経験の中心をなすものです。目という器官も、我われ分析家が関わる諸器官、つまり乳房や糞便、そしてその他さまざまなものの中の一つです。

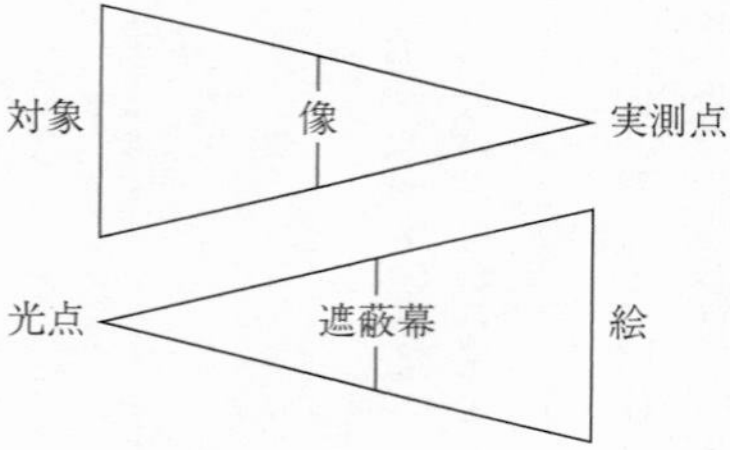

驚くべきことにこの器官は、生命の出現に相当するほど原始的な種にまで遡って見出されます。みなさんは牡蠣《かき》を何気なく食べているでしょうが、動物界のこの水準にすでに目なるものが出現しているのです。こういうことを深く考えてみると、ひどい目にあう、いや、いろいろなことを学ぶことができます。そういうこと全体の中で、しかし我われはものごとを選択し、それを我われにとって重要なことと結びつけなくてはなりません。

先回十分に強調しましたから、黒板の上のこの単純な三角形の図が何の役に立つのか、お解りかと思います。

この図はただ、透視図法の逆転した使い方を示す装置の中で使われている光学を、三つの項でみなさんに思い出していただくためのものにすぎません。この装置は一五世紀末から一六、一七世紀にかけて絵画技法を支配しました。アナモルフォーズは、絵画とはただ空間における事物を写実的に再生するだけのものではない、ということを我われに示しています。こういう言い方には多くの留保が必要ですが。

この小さな図は、ある種の光学は視覚の何たるかを捉え損なっている、ということを解らせてくれます。こういう光学は目の見えない人にも把握できるものです。先回ディドロの『盲人に関する書簡』について話しましたが、それによると、視覚によってもたらされる空間は目の見えない人にも理解し、再構築し、想像し、話すことが可能である、とされています。こういう可能性に基づいておそらくディドロは言外に込めた形而上学に永遠の曖昧さを構築したのですが、逆にその曖昧さこそが彼のテクストに活気と力強さを与えています。

我われにとって、実測的次元が垣間見させてくれることは、我われが関わっている主体がいかに視覚の領野の中に捕らえられ、操作され、魅惑されているか、ということです。

先回ホルバインの絵《タブロー》で、普段よりも手の内を隠すことなくただちに、前景に浮かんでいる奇妙な対象を示しました。それは眼差されるべくそこにあり、眼差す者である我われをいわば「罠にかけます」。これは結局、主体としての我われがこの絵の中に文字通り呼び出され、そこに捕らえられたものとして表される、ということを我われに示す――この画家が制作途上いつそれに気づいたかは知りませんが――明白で、おそらくは例外的な一つの方法です。なぜなら、先回「虚栄 vanitas」との共鳴や繋がりを指摘したこの絵、着飾り凍りついたように立つ二人の人物の間に、当時の見方からすれば、技芸と科学の虚栄を思い出させるあらゆる物を配したこの魅惑的な絵、この絵の秘密が示されるのは、この絵から左の方へ少し離れてもう一度振り返ったときだからです。そのとき、この浮かんでいる不思議な対象が何を意味しているかが解ります。この対象は髑髏という形で我われ自身の無を映し出すのです。つまり、主体を魅惑するために視覚の実測的次元を利用しているのです。それが欲望と関わっていることは明らかですが、その関わりがどのようなものかはなお謎のままです。

この絵の中に捕らえられ、固定される欲望とはいったいいかなる欲望でしょうか。さらに、この芸術家に、ここに何かを置き、それを機能するようにさせた動機は何でしょうか。これこそ、本日我われがこれから進もうとする道です。

1

見えるものという領野においてはすべてが罠であり、とりわけ、メルロ＝ポンティが

『見えるものと見えないもの』のある章のタイトルとして見事に示しているように、「組み合わせ模様」(1)なのです。視覚機能が示すいくつかの分割の中で、あるいはいく組かの二側面の中で、錯綜として姿を現さないものなど一つとしてありません。視覚機能の領野を分けようとすると、ますますそれらが互いに絡み合っていることにいつも気づきます。

実測的なものと呼んだ領野では、我われに糸を与えてくれるのは光であるかに見えます。実際、先回ご覧になったように、光というこの糸が我われを対象のそれぞれの点に結びつけ、我われがその上に像を見出す遮蔽幕の網目をそれが横切るところで、まさに糸として機能しています。光は直線状に伝わると言われていますが、それは事実です。だからこそ、光が我われに糸を与えてくれるように見えるのです。

しかしよく考えてみてください。この糸は別に光を必要とはしません。それはただピンと張った糸でありさえすればよいのです。だから、ちょっとした面倒を厭いさえしなければ、盲人にも我われの言っていることを理解させることができます。たとえば、盲人にある高さをもつ対象に触れさせ、その後ピンと張った糸をたどらせ、それぞれの糸の端が一つの平面上に作り出す布置によって対象の像を認識するよう教えることができます。これはまさしく、我われが純粋光学において、空間の中における一つの点と他の点との対応、つまり比率はさまざまであっても本質的には相同であるさまざまな関係を頭に描く際に用いるのと同じ方法です。要するに、これはつねに一本の糸の二点を決めるということに帰するわけですから。だから、こうした構築物は光が我われに何をもたらすかを把握するために特に役立つわけではありません。

では、空間の光学的な構造化の中でこうして我われの目を逃れてしまうものをいかにして把握すればよいのでしょうか。伝統的な議論はまさにつねにこの点をめぐってなされてきました。この伝統的議論の輝かしい実践者のもっとも最近の一人であるアラン以来、哲学者たちはカントへと、さらにはプラトンへと遡り、いわゆる知覚の欺瞞について考察してきました。そして同時に、知覚は対象をそれがあるところに見出すという事実や、立方体の平行四辺形という見かけこそが、我われの知覚の基礎である空間のひしゃげのために、かえってそれを立方体として知覚させるという事実を強調することによって、事態を掌握していると考えたのです。知覚に関するこのような古典的な論法のごまかしの種は、実測的な視覚、つまりその本性上視覚的ではない空間に位置しているかぎりでの視覚を扱っていることにあるのです。

見かけと存在との関係、哲学者が視覚の領野を征服することによって簡単にその支配者になったと思い込んでしまったこの関係の本質はもっと他のところにあります。その本質は直線の方にあるのではありません。それは光点、つまり放射の原点、きらめき、炎、輝きの湧出の源にこそあるのです。たしかに光は直線状に伝わります。光は目というカップ——忘れないでください、それは我われの目というカップです——から溢れ出しそれに充満しています。光は、目というカップから溢れ出し、だから、目というカップのまわりには一連の器官、装置、防衛が必要となるのです。虹彩が反応するのはたんに距離に対してだけではありません、光に対しても反応します。虹彩は、こうして、カップの底での過程を防御しなくてはなりません。これがなければカップの底の過程は場合によっては光によって毀損されるかもしれません。我われの瞼もまた、強い光を前にし、まずは瞬きをし、それから例の眩しそうなしかめ面をするためにあるのです。

それに、我われみなが知っているように、光に感受性のある器官は目だけではありません。外被の表面のすべてが、視覚とはまったく異なるさまざまな形で、光感受性を持っています。光の次元は決して視覚という機能へと還元してしまうわけにはいきません。色素斑という光感受性器官の原型のようなものがあります。目においても色素は、たとえば錘状体の内部でロドプシンという形で、あるいは網膜のさまざまな層において、ひじょうに複雑な仕方で大いに機能しています。この色素は現れたり消えたりします。その機能はすぐに解るような簡単なものではありませんが、ともかく光との関係の機構の深さ、複雑さ、また同時にそのまとまりを示唆しています。

光に固有の性質と主体との関係そのものがすでに両義的なものとして現れているように見えます。このことは、互いに逆転し、かつ重なっている二つの三角形のシェーマにおいてもご覧になることができます。これら二つの三角形は、さきほどお示ししたこの領野のすべてを構造化している組み合わせ模様、交錯、キアスムの機能の卓越した例です。

光と主体との関係が提起する問題を感じとっていただくために、そして、この関係の位置は実測的な光学が決定する実測的な点の位置とは異なるということを示すために、ちょっとした寓話をお話ししましょう。

これは実話です。私が二〇代の頃のことです。その頃私はもちろん若いインテリでしたが、私の関心は、もっぱら他のことに向いていて、直接的な実践、たとえば、田舎の狩りとか漁とかの実践に身を投ずることばかり考えていました。ある日、私は小さな漁港の漁師の家族の人々と小船に乗っていました。その当時、ブルターニュはまだ産業化の波もトロール漁化の波も受けていず、漁師は危険を冒してまるで胡桃の殻のような小さな船で漁をしていました。私が一緒に体験したかったのは、まさにこの危険でした。しかしそれはつねに危険だったわけではなく、天気のよい日もありました。そう、ある日のこと、我われが網をあげようとして待っていたとき、プチ・ジャンと呼ばれていた男が――彼もその家族も、当時この社会階層に蔓延していた結核に侵されてあっという間に亡くなってしまいましたが――波間に漂う何かを私に示しました。小さな缶詰の缶、正確に言えば鰯の缶詰の缶でした。それは、そこに陽の光を受けて漂っていました。ちなみにそれは缶詰産業、我われが当時、魚の納入を担っていた缶詰産業があることを示すものでした。その缶は太陽の陽を浴びてキラキラと光っていました。そしてプチ・ジャンが私にこう言ったのです。「あんたあの缶が見えるかい。あんたはあれが見えるだろ。でもね、やつの方じゃあんたを見ちゃいないぜ」。

このちょっとしたエピソード、これをプチ・ジャンは大層面白がりましたが私の方はそれほどでもありませんでした。私はなぜ面白くなかったのかを考えてみました。それはいろいろなことを教えてくれました。

プチ・ジャンが私に缶の方は私を見ていないと言ったことが意味を持つのは、第一にある意味で、それでもやはり缶は私を眼差しているからです。その缶は光点という意味で私を眼差しているのです。私を眼差しているものすべてはこの光点という水準にあります。これは決して比喩ではありません。

私の相棒が思いついたこのちょっとした話、この話が彼にはひどく面白く、私にはそれほどでもなかった理由は次の点にあります。つまり、彼がこんな話をしたのは、やはりこのときの私、つまり厳しい自然の中でやっとの思いで生きているこれらの人々に混じってすっかりその気になっていた私は、実に不調和な絵《タブロー》をなしていた、ということです。要するに、私は絵の中にあって多少ともシミとなっていたのです。それをどこかで感じていたからこそ、自分が不意に呼びかけられたと思っただけで、このユーモラスな、そして皮肉な話を別にそれほど面白いとは感じなかったのです。

ここでは主体の水準で構造を取り上げますが、この構造は、光に対する目の自然な関係の中にあるものを反映しています。私は、ただたんに透視図法がそこから把握される実測的な点に定位される点状の存在ではありません。おそらく私の目の底には絵が描かれているでしょう。そして、絵はたしかに私の目の中にあります。しかし、私はといえばその絵の中にいます。

光であるものが私を眼差しています。そしてこの光のおかげで私の目の底には何かが描かれます。この何かはただたんに構築された関係とか、哲学者が云々する対象といったものではありません。それは印象であり、表面の輝きですが、この表面の輝きはある一定の距離のところにあらかじめ据えられているわけではありません。ここにこそ実測的な関係においては抜け落ちてしまう何かがあるのです。それはつまり、その場の奥行き、その奥行きが示している曖昧で移ろいやすいすべてのもの、私にはまったく支配できないすべてのものです。この場の奥行きこそが私を捉え、瞬間ごとに私を惹きつけ、風景を透視図法とは違うもの、私が絵と呼んできたものとは違うものにしているのです。

絵の相関物、絵と同じ場所つまり外部に置かれるべき相関物、それは眼差しの点です。両者の間にあって一方から他方への仲介をしているもの、それは、実測的な光学的空間とは本質を異にするなにものか、光学的空間とはまったく逆の役割を果たし、透過可能であることによってではなく逆に透過不能であることによって機能するなにものか、つまり、遮蔽幕です。

光の空間として私へと現れているものの中で、眼差しをなしているもの、それはつねに、光と透過不能性とによる何らかの働きです。それは、さっきの私のちょっとした話の中心にあったあの輝きでもあります。そしてそれは、遮蔽幕であったり、遮蔽幕から溢れるきらめきとして光を露わにしたりすることによって、つねに私を惹きつけ魅了するものです。要するに、眼差しの点はいつも、宝石の輝きのような曖昧さを帯びているのです。

そして、私がもし絵の中の何かであるとすれば、やはりこの遮蔽幕という形を取っていて、私はそれを、さきほどシミと名づけたのです。

2

以上が主体と視覚の領野との関係です。ここで言う主体とは、普通の意味での主体、つまり主観的という意味での主体と理解すべきものではまったくありません。この関係は決して観念論的な関係ではありません。私が、絵に内実を与えるために取り上げ、主体と呼ぶこの飛翔は、ただたんなる表象的な飛翔ではありません。

見世物としてのからくりの領野には、この主体の機能と関わるいろいろなごまかされ方があります。

網膜の背後で起きている統合という機能について、『知覚の現象学』の中にいくつかの例があります。メルロ＝ポンティは、その博識によって豊富な文献の中からきわめて注目すべき事例を見つけ出しています。たとえば、重なった二つの円盤がぐるぐると回ることによってある色調が作り出される装置においては、その円盤の一部を遮蔽幕で覆っただけで色調がまったく変わってしまいます。ここで我われが把握しているのは、語の日常的な意味での純粋に主観的な機能、すなわちそこで働いている中心的機構によってもたらされる色調です。なぜなら、その実験の構成要素はすべて我われに知られているにもかかわらず、この実験で起きている光の働きは、主体が知覚していることとはまったく別なのですから。

もう一つ別の例です。この例も主観的な側面を持っていますが、まったく違う点に焦点が当てられています。つまり、知覚における、色、あるいは場の反映という効果です。たとえば、黄色を青の横に並べたとしましょう。青い場は黄色の場で反射する光の影響を受けて、少し色が変わって見えるはずです。実際、色というものはすべて主観的なものでしかありません。色の質をスペクトラム上のいかなる客観的指標にも、つまり波動としての光の波長とか周波数に還元するわけにはいきません。そこにまさに何か主観的なもの、しかしさきほどとは異なる仕方で位置づけられる主観的なものがあるのです。

これですべてでしょうか。これが、私が絵と呼んだものと主体との関係について語るとき、言わんとしていることでしょうか。もちろん違います。

絵と主体との関係については、何人かの哲学者によって考察が試みられています。ただ、言わせてもらえば、それは的外れな位置づけでした。レイモン・リュイエの『新合目的論 Néo-finalisme』という本をお読みください。知覚を目的論的な観点に置こうとして、彼が主体を絶対的な飛翔という位置に据えざるをえなくなっているのがお解りでしょう。彼の挙げている例のように、もしチェッカーボードの知覚とは何かということを把握することだけが問題であるとしたら、完全に抽象的なやり方はさておき、主体を絶対的な飛翔という位置に置く必要などまったくありません。チェッカーボードというものは、その本性上、私がはじめに取り出そうとした実測的な光学に属しています。そこで問題になっている空間は、つねに対象の把握に対し支障をきたしてきた「部分外部分 partes extra partes」という空間です。この方向では、事を還元することはできません。

しかし、主体をその本性上絶対的な飛翔において把握させてくれる現象の領域があります。その領域は、そういう現象の領域が特権的に現れるいくつかの点よりも、はるかに広い範囲に広がっています。絶対的な飛翔をする主体について、存在していると言えないからといって、それがまったく要請できないというわけではないのです。私が、それによって絵の中に自身をシミとして置く飛翔、そういう飛翔の現象的な次元を考えなければ説明できないようないくつかの事象があります。それは擬態という事象です。

擬態という問題に関しさまざまな議論がなされていますが、ここでその豊かさに立ち入ることはできません。それぞれ専門の著作に当たってください。それらはただ面白いだけでなく、思索の素材としてきわめて豊かなものでもあります。ここでは、これまでおそらく十分に力説されてこなかったことを強調するだけに留めましょう。まず、擬態において適応という機能が本当に重要なのかどうか、ということを取り上げましょう。

たしかに、擬態という現象の一部は適応的な発色とか適応の結果だと言うこともできるでしょう。そして、ある場合にはきわめて妥当なキュエノーの指摘にならって、背景の色に合うような発色はすべて光に対する防衛の方法にすぎない、と言うこともできます。まわりの状況のために、たとえば緑色の草に囲まれた水の底のように緑色の光が支配的な環境においては、極微動物は――その例となるものは無数にいますが――緑の光が彼らに有害な作用を持つならば緑色になります。それらの動物は緑色の光を反射するために緑色になり、それによって適応し、緑色の光の影響から身を保護するのです。

しかし、擬態において重要なのはこれとはまったく違うことです。次の例はほとんど偶然に選んだもので、特殊なケースだと考えないでください。「ワレカラ caprella」と呼ばれる小さな甲殻類で、「棘質性 acanthifera」という形容詞をつけて呼ばれるものは、苔虫と呼ばれるある種の動物――動物と言っていいのでしょうが――の中に紛れ込むと、いったい何のふりをするのでしょうか。苔虫というこのなかば植物のような動物のシミのふりをするのです。苔虫のある相においては小腸のU字湾曲がシミとなり、他の相においては色素斑のようなものがその役割をします。このシミの形にこの甲殻類は適合するのです。それはシミとなり、絵となり、その絵の中に書き込まれるのです。その点にこそ厳密な意味での擬態本来の原動力があります。この点を出発点とすることによって、絵の中への主体の書き込みの本質的な諸次元が、最初の多少とも手探りのあてずっぽうによるよりも、はるかに正確に明らかになるのです。

カイヨワが『メドゥーサと仲間たち』という小さな本の中で、その確かな洞察力、しばしば素人ゆえというべきその洞察力によって擬態について書いていることに以前触れたことがあります。専門家にはたどたどしく述べることしかできなかったことを、おそらく素人ゆえの距離のおかげで、彼はよりよく把握することができたのでしょう。

発色という領域に適応、成否の程度はさまざまであれ、ともかく適応という事実しか見ようとしない人々もいます。しかし、事実が示すところによれば、擬態には、適応という次元のものは——普通考えられているように、生き残るためという点に結びつけられている適応という意味では——ほとんどなにものも含まれてはいないのです。そういう意味では、擬態は、だいたいの場合無効であるか、あるいは適応的な結果が求めているのとは正反対の方向で機能しているかのどちらかです。それに対し、カイヨワは、擬態という活動が展開している主要な次元であるところの三つの項目を浮き彫りにしています。つまり、仮装、カムフラージュ、威嚇の三つです。

実際のところ、主体が絵へと挿入されるべき次元が現れるのは、この領野においてです。擬態は、背後にある「それ自身」とも言うべきものとは異なるなにものかを見せるのです。擬態の効果は、語の純粋に技術的な意味でカムフラージュです。背景と調和することが問題なのではなくて、まだらな背景の上で自身がまだらになることが問題なのです。それは、人間の戦争の作戦においてカムフラージュの技術が機能している仕方とまさに同じです。

仮装の場合には、ある性的な目標が目指されています。自然が示しているように、この性的な目標は偽装とか変装という性質を持つさまざまな効果によって現れます。ここに、性的な目標そのものとは異なるある地平が成立しています。この地平は、そこで本質的な役割を果たしていますが、それを、性急に騙しの役割であると規定してしまうわけにはいきません。ルアーの機能は、この場合、また別のものです。その影響について十分に判断するまでは、ルアーをどう考えるかは保留しておいた方がいいようです。

そして最後に、いわゆる威嚇の現象もまた、過剰価値を持っています。主体が、やはりその見かけによって達しようとする過剰価値です。ここでもまた、性急に間主観性を持ち出したりしない方がいいでしょう。模倣が問題になる場合にはいつも、模倣されるであろう他者というものを、ただちに考えないように気をつけましょう。たしかに、模倣するとはある像《イマージュ》を再生することです。しかし本質的に、それは主体にとって、その実践が主体を捕捉するある機能の中に自らを挿入するということです。まずこの点について考えなくてはならないでしょう。

ここで、無意識的な機能そのもの、主体が征服される際に現れる領野としての無意識の機能は、我われに何を教えているかを見てみましょう。

3

この方向に進むとき、あのカイヨワの指摘がやはり我われのガイドとなってくれます。動物における擬態という事象は人間において芸術とか絵画《パンテュール》として現れるものに匹敵する、と彼は言います。こういう言い方に問題があるとすれば、それは、絵画とは他のものを説明する目的で引き合いに出すことができるほどルネ・カイヨワにとっては明確なものであるらしい、という点だけです。

絵画とは何でしょう。主体が主体としてそこに自らを位置づけるべき機能、この機能を我われが絵《タブロー》と名づけたのにはもちろんそれなりの理由があります。しかし、人間主体がそこに巻き込まれて絵になるとき、つまりその中心に眼差しを持つこのなにものかを機能させるとき、いったい何が起きているのでしょうか。ある人々は、芸術家は絵において主体であろうとしているのだ、と言います。絵においては芸術家が我われに主体として、眼差しとして自らを押しつけようとしているという点こそ、絵画芸術が他のすべての芸術と異なる点だ、というわけです。それに対し、芸術作品の対象としての側面を強調して反論する人々もいます。この二つの方向双方にはそれなりに正しい点があるでしょうが、そのいずれも問題を汲み尽くしてはいません。

ここで次のようなテーゼを提出しましょう。つまり、絵においてはつねに眼差しという何かが確実に現れる、というテーゼです。画家はそのことをよく知っています。画家の道、画家の探求、追究、そして実践は、あるやり方に固執することもあれば、やり方が変遷することもありますが、まさに眼差しのある様式を選択することにあります。一般に眼差しと呼ばれるもの、つまりは一対の目が構成するもの、そういうものをもっとも欠いている絵、オランダ絵画やフランドル派の描く風景画のように人間の姿を表すものがまったくない絵、そういう絵を眼差す場合でも、みなさんはまるで透かし模様のように画家それぞれにとってひじょうに特徴的ななにものかをそこに見、結局は眼差しがそこにあるかのように感じることになるのです。しかし、それは探求の対象でしかなく、そしておそらくは錯覚でしかありません。

絵の機能は、画家がその絵を文字通りさらしている人との関係では、眼差しとの関係になっています。この関係は、一見そう見えるかもしれませんが、眼差しに対する罠というような関係ではありません。役者や画家は目立ちたがり屋で、眼差されることを欲している、と考えることもできましょう。しかし、私はそうは思いません。たしかに、絵画を愛でる人の眼差しとの間には何らかの関係はあるでしょう。しかし、それはもっと複雑なものです。画家は絵画の少なくともかなりの部分において、絵の前に立つべき人に「眼差したいのですね、よろしいそれならこれを見なさい」と要約できるようなにものかを与えているのです。画家は目のごちそうとしてなにものかをもたらしますが、画家は絵の前にいる目にその眼差しを放棄するように、武器を棄てるというような意味で放棄するように、促すのです。これが絵画の鎮静的、アポロン的な効果です。なにものかが、眼差しに対してよりもむしろ目に対して与えられているのです。そのなにものかは眼差しの断念、放棄を伴うものです。

ここで問題となるのは、たとえば表現主義の絵画のように、絵画のある局面はこの領野から離れているということです。つまり、表現主義絵画を特徴づけているのは、それによってある種の満足の方向――フロイトが欲動の満足というような場合にこの語を用いる意味での満足ですが――、眼差しによって求められるものの満足の方向に働く何かが与えられる、ということです。

言いかえると、器官としての目とはどのようなものか、という問いを今や立てなくてはならないということです。機能が器官を作る、と言われます。まったく馬鹿げたことです。こんな馬鹿げたことでは何の説明にもなりません。生体の中に器官としてあるものはすべて、きわめて多様な機能を持って現れます。目においてもさまざまな機能が結合していることは明らかです。弁別機能は「黄斑中心窩」にもっとも集中しています。つまり、「黄斑中心窩」は識別視のための選ばれた点です。網膜の他の部分では別のことが行われます。専門家によって誤って暗順応機能の領野と呼ばれている領野です。そこには交錯があります。なぜなら、この領野においてこそ、つまりより少ない光のもとにあるものを知覚するこの領野においてこそ、光の効果を知覚する能力はもっとも大きいからです。五等星や六等星を見たいならば——これはアラゴの現象と言われるものですが——まっすぐにそれを見ないことです。むしろちょっと横を見ることによって、その星が見えてきます。

目のこれらの機能によって、寝椅子の上に現れるものとしてのこの器官の性質を言い尽くすことはできません。つまり、すべての器官が決定しているものを寝椅子の上で決定するものとしてのこの器官の性質を言い尽くすことはできないのです。これは今後の課題です。本能を拠り所にすることでこれほどの混乱に陥ったその間違いのもとは、本能とは生体がある器官によってよりよい目的へ向かって解放される、そのやり方だということに気づいていなかった点にあります。動物界には、ある器官の過度な成長、過剰発達によってその生体が滅びるという例は無数にあります。生体と器官との関係における本能のいわゆる機能は、一つの道徳という意味でこそ理解すべきものと思われます。本能のいわゆる前適応には驚嘆させられますが、驚くべきはむしろ、生体は器官を何かにすることができる、ということです。

無意識を参照点としている我われにとって重要なのは器官への関係です。しかし、それは性への関係でも、何か特別の対応物を与えることができるという意味での性器への関係でもありません。そうではなくてファルスへの関係、つまり性器の目的において達成されるはずの現実的な何かに欠如しているものとしてのファルスへの関係こそが重要なのです。

無意識の経験の内奥でファルスというこの器官——この器官は去勢コンプレックスという形で組織化された不十分さとして主体によって特徴づけられますが——と関わるか

ぎりにおいてこそ、目がどれほど同じような弁証法の中に捕らえられているか、ということを把握することができるのです。

最初から我われは、目と眼差しの弁証法にはいかなる一致もなく、本質的にルアーしかないということに気づいていました。愛において、私が眼差しを要求するとき、本質的に満足をもたらすことなく、つねに欠如しているもの、それは「君は決して私が君を見るところに私を眼差さない」、ということです。

逆に言えば、「私が眼差しているものは、決して私が見ようとしているものではない」ということです。さきほど取り上げた画家と絵画を愛でる人との関係は、人がそれについて何を言おうと一つのゲーム、目を欺くこと(騙し絵)(2)というゲームです。ここでは不当に具象《フィギュラティフ》と呼ばれているもの、つまりその背後に何かそれを支える現実を想定するような具象のことを言っているのではまったくありません。

ゼウクシスとパラシオスに関するあの古い寓話において、ゼウクシスの優れた点は鳥を惹きつけるほどの葡萄を描いたことです。ここで強調すべきは、この葡萄が完璧な葡萄であったということではなくて、鳥の目を欺いたということです。その証拠は、彼の相手、パラシオスがゼウクシスに勝ったことです。つまり、パラシオスは壁の上に覆いを描き、その覆いがあまりに本物らしかったのでゼウクシスは彼の方を向いて「さあ、見せてくれたまえ、君がこの向こう側に描いたものを」と言うほどだったのです。これによって、ゼウクシスが騙したのは目だったということが示されています。勝ったのは目を騙したものではなく、眼差しを騙したものでした。

この目と眼差しの機能については次回さらに進もうと思います。

質疑応答

M・サフアン――私の理解が正しければ、絵を見つめるとき《コンタンプレ》、目は眼差しの疲れを癒していると思うのですが。

見かけとその向こう側との弁証法について、こう言い直すことができましょう。つまり見かけの向こう側には、ものそれ自体などなく、眼差しがある、と。器官としての目は、まさにこういう関係に置かれているのです。

――見かけの向こう側には、欠如があるのですか、眼差しがあるのですか。

欲動がそこで機能しているというかぎりでの視認の水準には、他のすべての次元において認められるのと同じ対象aの機能が見られます。

対象aとは、主体が自らを構成するために手放した器官としてのなにものかです。これには欠如の象徴、ファルスの象徴、ファルスそのものではなく欠如をなすものとしてのファルスの象徴、という価値があります。ですからこれは、第一に切り離せるものとして、第二に欠如と何らかの関係を持っているという点において、対象でなくてはなりません。私の言いたいことをすぐに具体的にお示ししましょう。

口唇期の水準では、対象aは、主体がそこから乳離れをしたものは主体にとってもはや何でもないという意味で、何でもないものです。拒食症において子供が食べているのはこの無、何でもないものです。こういう点から見れば、離乳の対象が去勢という水準で、つまり剝奪としていかに機能することになるかを把握できるでしょう。

肛門期の水準は隠喩の場です。ある対象を他の対象の代わりに、つまりファルスの代わりに糞便をどうぞ、というわけです。これで、肛門欲動がなぜ贈与と贈物という献身の領域であるかが解ると思います。足りなくなっているところでは、つまり欠如のために与えるべきものを与えられないところでは、つねに他のものを与えるための算段があります。だからこそ、道徳において、人は肛門水準に書き込まれているのです。とりわけ物質主義者については、これは真実です。

視認の水準では、我われはもはや要求の水準にはいません。欲望の水準、〈他者〉の欲望の水準にいるのです。祈願欲動〔声で呼ぶ欲動〕の水準でも事情は同じです。この欲動は無意識の経験のもっとも近くにあります。

見たいものと眼差しとの関係は一般的にルアーの関係です。主体は自身とは違うものとして現れ、彼に見せられるものは彼が見たいものではありません。これによって、目は対象aとして、つまり欠如($-\varphi$)の水準で、機能することができるのです。

一九六四年三月四日

訳註

（1） entrelacs　罠 lacs の中という含意がある。また、この語には、錯綜という意味もある。

（2） 騙し絵はフランス語ではtrompe-l'œilと呼ばれるが、これは「目を欺く」という意味の表現を一語としたものである。

Ⅸ　絵《タブロー》とは何か

存在とその見せかけ
遮蔽幕というルアー
眼差しの馴化、そして目を欺くこと（騙し絵）
背後の眼差し
身振りとタッチ
見せること、そして「羨望 invidia」

私が選んだこの分野では対象 a は欲望の中心欠如を象徴化する機能という点でもっともはかなく捉えどころがありませんが、そういう分野を選択するという無謀な試みを今日もまた続けなくてはなりません。欲望の中心欠如を私はいつもアルゴリズム（$-\varphi$）という一定の方法で示してきました。

いつものように、いくつかの目印となるものを黒板に書いておきましたが、みなさん見えますか。「見えるものの領野における対象 a、それは眼差しである」。それに続けて、連結括弧に入れて次のように書きました。

自然の中においては
$=(-\varphi)$として

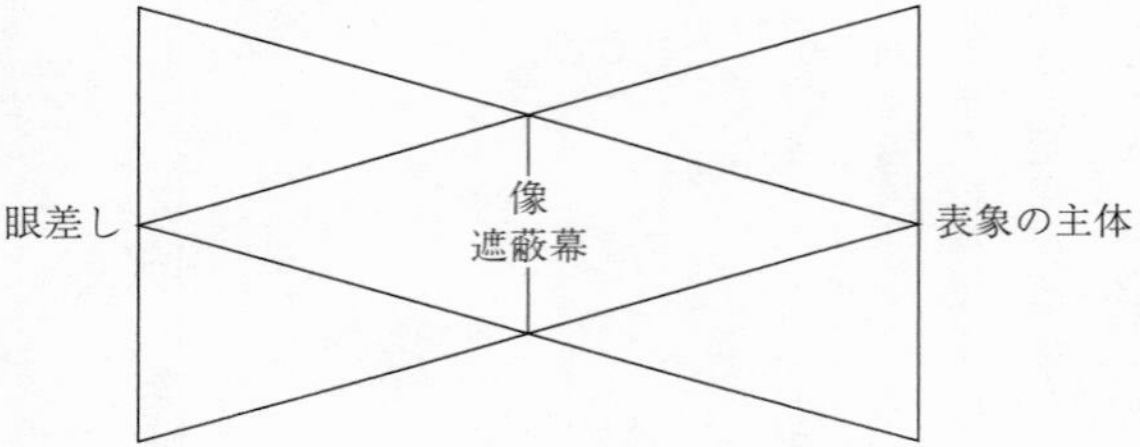

実際、我われは眼差しを、それが人間の象徴的関係の中で果たしうる機能へと――すでに自然の中で――適合させるなにものかを捉えることができます。

上に、すでにお話しした二つの三角形のシステムを描きました。左の三角形は、実測的な領野の中で、我われの位置に表象の主体を置く三角形です。そして、右の三角形は私自身を絵《タブロー》にする三角形です。右側の線の上に左の三角形の頂点、実測的主体の点が位置します。そして、この線の上で私は自分を眼差しのもとにある絵にします。眼差しは右の三角形の頂点に位置します。二つの三角形はいずれも視認の領域の働きの中にあるのですから、この二つはここでは重ねられています。

1

まずはじめに以下のことを強調しておかなければなりません。視認の領野においては、眼差しは外にあります、私は眼差されており、すなわち私が絵であるということです。

これこそが見えるものの中で主体の設立のもっとも奥深いところにある機能です。見えるもののなかで私を根源的に決定づけるもの、それは外にある眼差しです。眼差しによって私は光のなかに入っていくのであり、私が光の効果を受け取るのも眼差しからです。ですから、眼差しは一つの道具、つまり光がそこにおいて受肉し、その道具を通して私が――いつものように語を分解して使うことをお許しいただければ――「光によって描き出される photo-graphié(写真に撮られる)」、そういう道具であるということになります。

ここでは、表象の哲学的問題を論じようとしているわけではありません。表象の哲学という観点から見れば、表象を目の前にしたとき私自身が、それは表象でしかなく、その向こうに、もの、物自体があると知っている意識であると結局は確信することになります。たとえば現象の背後にはヌーメノン(1)があります。それについては、私はおそらくどうしようもないでしょう。というのは私の「先験的諸範疇」は、カントの言うように、自分の好きなようにする暴君なので、その範疇通りにものを取り上げるよう私に強いるからです。そして、幸福にもこれですべてうまくいくということになるのです。

我われは、諸物が表面とその向こうにあるものの間のこのような弁証法の中でバランスをとっているとは考えません。我われとしては、本性上、存在の断裂、二分化、分裂を創始するなにものかがあり、それに存在が適合している、という事実から出発することにしましょう。

この事実は、擬態という一般的な大枠に結局は集約できるさまざまな事柄の種々の段階において観察することができます。それは性的結合においても死を賭した闘争におけるのと同じようにはっきりと機能しています。そこでは存在は存在とその見せかけとの間、存在自身と存在が見せるために差し出している張子の虎との間に見事に分解されています。雄の動物——たいていの場合雄ですが——における誇示であれ、あるいは闘争状況において威嚇の形で行われる毛を逆立てて睨むことであれ、存在は自分自身から、仮面、分身、外皮、盾の骨組みに貼りつけるべき剝ぎとられた皮といったなにものかを生み出します。あるいは他者からそれを受け取ります。存在がその生と死の諸効果の中へと登場するのは自分自身から分離されたこの形によってです。そして、結合が実現されその結果生殖において存在の更新が行われるのは、他者のこの代役、あるいは自分自身の代役の助けによってであるとすら言えるかもしれません。

したがってルアーはここで本質的な機能を果たしています。この機能はまさに臨床経験のレベルで我われが捕らえられているものにほかなりません。というのは、男性を女性へと結びつける魅力について想像してみると、「仮装した人」として現れる方が優勢であることを我われは知っているからです。疑問の余地なく、仮面の仲介を介してこそ男性と女性はもっとも激しく、もっとも情熱的に出会うことができるのです。

現実は辺縁的である

ひとり主体だけが——人間の主体、人間の本質である欲望の主体だけが——動物とは違って、この想像的捕縛に全面的に捕らえられてしまうということはありません。主体はそこに自分を定位します。いかにして、でしょうか。主体が自分で遮蔽幕の機能を分離しその機能を利用しているというかぎりで、なのです。実際人間は、その向こうに眼差しがあるものとして仮面を利用することができます。遮蔽幕はここでは媒介の場です。

私は前回、モーリス・メルロ＝ポンティが『知覚の現象学』において取り上げている例に言及しました。そこではゲルプとゴルトシュタインの実験から選ばれたいくつかの例について、遮蔽幕がさまざまなものを現実という地位にいかに復元するかという点が、単純に知覚のレベルで、すでに観察されています。それだけ取り出された照明効果が我われを支配しているのなら、あるいはたとえば我われの眼差しを導く光線の束が我われにミルク色の円錐として現れ、それが照らすものを見るのを妨げるほどに我われを捉えているとするならば、見られることなく照らし出されるものと対照をなす小さな遮蔽幕をこの円錐の中に入れるだけで、ミルク色の光をいわば影の中に戻し、その光が隠していた対象を現れさせることができます。

これは、知覚の次元における関係の現象ですが、より本質的機能において捉えられるべきものです。すなわち欲望との関係においては、現実は辺縁的なものとしてしか現れないということです。

このことこそ絵の創作に際しておそらくほとんど顧みられることのなかった特徴の一つです。とはいえ絵《タブロー》の中に正しくは構成というべきもの、すなわち画家の描いた分割の描線や透視図法の消線、力線、そしてイマージュが姿を現す構図の線などを見つけ出すことは魅惑的な作業です。しかし私はある素晴らしい本の中でそれらが「骨組み」と呼ばれていることを知って驚きました。というのも、そうした表現ではその主要な効果が打ち消されてしまうからです。皮肉なことに、その本の背表紙にはもっとも例証的な例としてルオーの絵が載せられているのですが、そこには何が大切かを理解させるための曲線が書き込まれています。

実際、絵の中にはいつも、不在を感じさせる何かがあります。それは知覚の場合と逆です。視覚ではまさに中心の領野でこそ、目の弁別能力が最大限に発揮されています。絵の場合にはどんな絵でもそこは不在でしかありえず、穴で置き換えられてでしかありえません。結局のところそれは瞳孔の反映であり、この瞳孔の背後に眼差しがあるのです。したがって、絵が欲望との関係に絡んでくるかぎりにおいて、中心の遮蔽幕の場が現れ、それによって私は、絵の前で実測平面にある主体としては、まさしく消し去られてしまいます。

まさにそのことによって絵は表象の領野では作用しないのです。絵の目的と効果は表象の領野の外にあるのです。

2

視認の領野においては、あらゆる事柄が二律背反的に作用する二つの項によって分節化されています。諸物の側に眼差しがある、つまり諸物の方が私を眼差している、しかしそれでも私はそれらを見ている。まさにこうした意味でこそ「彼らは見ないために目を持つ」という福音書の言葉は理解されるべきです。何を見ないためでしょうか。まさに、諸物が彼らを眼差しているのを見ないためです。

そういうわけで、私は小さな扉を抜けて我われの研究の領野に絵画を持ち込みました。小さな扉、すなわちロジェ・カイヨワが——先回彼のことをルネと言い間違えたことにお気づきでしょう、どうして間違えたのでしょう——擬態はおそらく人間の世界で絵画が果たしている機能にあたる機能を持っていると指摘することによって開いた小さな扉です。

しかし、今は画家の精神分析をしている場合ではありません。画家の精神分析などというものはつねに危うく厄介で、聞く者に差恥心を引き起こすものです。また絵画の批評をしている場合でもありませんが、私にとってひじょうに参考となる意見をもたらしてくれるある親しい人物が、それらしきことを私が手がけようとするので戸惑いを覚えた、と話してくれました。もちろんそれは危険なことですし、私も混乱を引き起こさないようにしたいと思っています。

主体化をもたらす構造の歴史的変遷によって絵画に課せられた変化のすべてを考えてみれば、いかなる定式も無限に多様化したその狙い、策略、手管をひとまとめにすることなどできないことは明らかです。そのうえ先回、絵画には「眼差しの馴化」があると定式化したあと、つまり眼差す者はつねに絵画によって眼差しを伏せさせられると定式化したあと、すぐに私は訂正しました。つまり、それでもなおとても直接的に眼差しへと訴えるものがあり、そこにこそ表現主義は依拠しているということです。尻込みしている方々のために具体的なお話をしましょう。私が頭に浮かべているのはムンクやジェームズ・アンソール(2)やクビーン(3)などの絵画ですが、それらが今日パリに陣取っている絵画を地理的に包囲するように並んでいるのは不思議なことです。この本拠地の境界線が取り払われるのはいつのことでしょう。先頃話をする機会のあったアンドレ・マッソンを信用するなら、それはもっとも今日的な問題です。いいですか、こうした話に言及するのは、時間の経過とともに変化する批評の歴史遊びに参加するためではまったくありません。批評とは、ある画家のある時期の絵画の機能がどのようなものかをある特定の瞬間に把握しようとする試みです。私はどうかというと、絵画というこの優れた芸術の機能の根本原理こそを問おうとしているのです。

絵画から出発してモーリス・メルロ＝ポンティは、思考によって作られてきた目と精神の関係をことさら逆転するに至った、ということをまず強調しておきましょう。表象の領野においては、哲学者は我われを主体として位置づけますが、画家の役割はそうした表象の領野を組織化することとはまったく別のところにあります。メルロ＝ポンティは、セザンヌにならって「この小さな青、小さな茶、小さな白」と呼んでいるものから出発して、画家の絵筆から雨のように降るこのタッチを実に巧みに位置づけています。

こうした議論はどういうことを意味するのでしょう。それは何をどのように決定するのでしょう。こうした議論はフロイトに続く精神分析家の進んだ領野ではすでに形と具体性を与えられています。フロイトにおいては果敢な大胆さであるものが、フロイトに続く分析家たちにおいてはただちに軽率さへと陥っているのです。

フロイトは、芸術について、何が真の価値を作っているかということについては断定しないようにしている、とつねにこのうえない敬意をもって書いてきました。詩人に関しても画家に関しても、フロイトの論評がそこで停止するある一線がありました。すべての人々、つまり作品を眼差したり聞いたりする人々にとって、何が芸術的な創造という価値をもたらしているか、彼は言うことができず、また、知らなかったのです。しかし、フロイトがレオナルドについて考察する際、レオナルドの原幻想――ルーヴルの絵やロンドンの習作に描かれた二人の母、腰のあたりで二つに枝分かれした二重の身体、下部の融合した足から花開いているかに見える二重の身体で描かれた二人の母とレオナルドとの関係――が果たしている機能を、フロイトはレオナルドの創造の中に見出そうとしています。では我われが探求しなくてはならないのはまさにこの道なのでしょうか。

あるいは、芸術的な創造の原理を、芸術的な創造は表象の代わりとなるなにものか――私が「表象代理 Vorstellungsrepräsentanz」をどう訳したかを思い出してください

——を抽出する、ということに見るべきでしょうか。それが、絵を表象と区別することによって私がみなさんを導こうとしているところでしょうか。

もちろん違います。もっとも、きわめて稀な作品、稀にしか出現しない絵画、夢幻状態の絵画、きわめて稀で、まず絵画という機能の中に位置づけることのできない絵画、そういう作品は別ですが。ちなみに、そういう作品は極限《リミット》であって、おそらく精神病理学的芸術とでも呼ぶべきものでしょう。

画家の創造は、それとはまったく違った仕方で構造化されています。我われが、リビード的な関係における構造という視点を立て直せばそれだけ、何が芸術作品において機能しているのかを有益に問うことができるようになります。というのは、我われの新しいアルゴリズムがそれに対するよりよい答えを可能にしてくれるからです。我われにとって問題となるのは、フロイトが示したような創造、つまり昇華としての創造であり、その創造が社会的な領野で持つ価値です。

フロイトは、作品の成功という点にのみ関わるという、曖昧であると同時に的確な言い方で次のように述べています。欲望の創造、画家においては純粋な欲望の創造が、商業的な価値——これはやはり二次的と形容することのできる報賞ですが——を持つのは、社会にとって、つまり社会の中でその創造の影響を被るものにとって、その創造の効果が有益な何かを持っているからである、と。もう少しのあいだ曖昧なままに、次のように言ってみましょう。つまり、作品は、欲望の開拓を糧に生きている人がありうるということを人々に示すことによって、人々を鎮め、励ましているのだ、と。しかし、それが人々をそれほどに満足させるためには、もう一つの効果がなくてはなりません。つまりその人々の見つめる欲望《コンタンプレ》がそこに何らかの鎮静を見出すのでなくてはなりません。それは彼らにおいて、いわば魂を高めます。つまり彼らを諦めへと導くのです。なにものかがここで、私が「眼差しの馴化」と呼んだ機能を持つものとして、示されているのがお解りでしょうか。

眼差しの馴化は、先回述べたように、目を欺くこと(騙し絵)という形でも現れます。この点で私は伝統的な考え方とは逆に、目を欺くこと(騙し絵)の機能と絵画の機能というきわめて明確な機能とを同じものと捉えているように見えるかもしれません。しかし私は先回の最後にパラシオスとゼウクシスの作品を対置することによって、ルアーの自然な機能と目を欺くこと(騙し絵)の機能という二つの水準が曖昧になっていることをはっきりと示しました。

鳥たちが、絵を、啄《ついば》むことのできる葡萄と取り違えてゼウクシスのキャンバスへと寄って来る、という驚くべきことが起きるためには、なにも葡萄が、ウフィツィ美術館のカラヴァッジオのバッカスが手に持つパン籠の葡萄のように見事に再現されている必要はありません。もしその葡萄がカラヴァッジオのように描かれていたとしたら、鳥が騙される可能性は少ないでしょう。なぜなら、このような天才的技巧に鳥たちが葡萄を見ることなどないからです。鳥たちにとって餌の葡萄と見えるものには、もっと単純な、もっと記号に近いなにものかがなくてはなりません。一方、これに対してパラシオスの例が明らかにしていることは、人間を騙そうとするなら、示されるべきものは覆いの絵画、つまりその向こう側を見たくさせるようななにものかの絵画でなくてはならない、ということです。

この寓話の価値は、プラトンが絵画のもたらす錯覚に対して抗議した理由を示している点にあります。重要なことは——プラトンは一見したところそう言っているように見えるかもしれませんが——、絵画が対象の錯覚上の等価物をもたらすという点にはありません。そうではなくて、絵画という目を欺くもの(騙し絵)がそれとは別のものと思わせる、ということです。

目を欺くもの（騙し絵）において我われを誘惑し満足させているものは何でしょうか。どのようなときに、それは我われを魅惑し喜ばすのでしょうか。それは、我われの眼差しを移動させてみても、その表象が動くことはないし、ただ目が欺かれていただけだということに気づくときです。というのは、このとき絵画は、それがかつてそう思わせていたものとは別のものとして現れるからです。あるいは、むしろそれは今やこの別のものと思わせるからだ、と言った方がよいかもしれません。絵は見かけと競合するのではなくて、プラトンがイデアと呼んだ、見かけを越えたものと競合するのです。プラトンがまるで彼自身の活動と競合するものに対するかのように絵画に抗議するのは、絵は見かけであり、しかもこの見かけこそが、見かけをもたらしているのは見かけであることを我われに告げているからです。

この別のもの、それが小文字の a です。この a をめぐってある戦いが繰り広げられ、目を欺くもの（騙し絵）がこの戦いの魂となっているのです。

歴史の中での画家の位置を具体的に描き出そうとするならば、画家とは、現実的なものへと移りうるものの源泉、いわばいつの時代にも人が小作してきたものの源泉であることに気づきます。画家はもはやパトロン貴族に依拠していないと言われていますが、状況は画商が出現したからといって根本的に変わったわけではありません。画商もまた一つのパトロンであり、同じタイプのものです。パトロン貴族以前には、宗教組織が聖像を描くという仕事を画家に与えていました。いつの世にも画家たちの小作人協会があり、そこでの問題はつねに対象 a です。というよりむしろ、こういう言い方はある点では神話的に聞こえるかもしれませんが、対象 a をある一つの a に縮小し、創造者としての画家がそれと対話をする——これは最終的には真実ですが——ということが問題となっていたのです。

しかし、この a がその社会的な影響の中でどのように機能しているかを知ることはさらに有益なことです。

ダフニ修道院の円天井の勝利のキリストとかビザンチン様式の素晴らしいモザイク画などイコンは、明らかにそれらの眼差しのもとに我われを据える効果を持っています。この問題に立ち入ろうとすればできないことはありませんが、そうしても、このイコンを画家に作らせたものが何であったか、またこのイコンが展示されることによって何の役に立っているのか、という源を把握することにはならないでしょう。もちろんイコンの中にも眼差しがありますが、それはもっと遠いところからやってきます。イコンの価値は、そのイコンが表している神そのものもまたこのイコンを眼差している、という点にあります。イコンは神を喜ばせていると見なされているわけです。この点からすると芸術家は供犠という平面で仕事をしていることになります。つまり、芸術家はまさに神の欲望を目覚めさせることのできるもの――ここではそれは像ですが――が何であるかに賭けて機能しているのです。

神は創造者です。しかもそれは、いくつかの像を創造することによってです。このことを創世記は「神の像 Zelem Elohim」という言葉で示しています。そして、イコン破壊的な考え方それ自体もまた、次のことを支持しています。つまり、像《イマージュ》を創造することを好まない神が一人いるということです。その神はたった一人です。しかし、今日はこういう領域についてこれ以上は述べません。これ以上述べると〈父の諸名〉という領域のもっとも本質的な要素の核心へと導かれることになるでしょう。その核心とは、ある契約がすべての像の向こう側に確立されるということです。今日のところは、像は神性との媒介手段であると言うだけに留めておきましょう。つまり、エホヴァがユダヤ人に偶像を作ることを禁止したのは、それらの偶像が他の神々を喜ばせるからです。ある見方をすれば、人間の形をしていないのは神ではなく、むしろ人間の方が人間の形をしないように求められていると言えましょう。しかし、この問題は残しておきましょう。

次の段階、つまり「共有の《コミュナル》」とでもいうべき段階へ移りましょう。レパントの戦いやその他ありとあらゆる戦いが描かれているドージェの宮殿の大広間へ入ってみましょう。(4)これは、以前は宗教的な水準で見えていたものですが、ここに社会的な機能が見えてきます。この場へやってくるのは誰でしょう。レス枢機卿(5)によって「民衆」と名づけられた人たちです。そして、民衆はこの膨大な作品の中に何を見るのでしょう。それは、民衆がそこにいないときにこの広間の中で協議している人たちの眼差しです。絵の背後にあるもの、それはこの人たちの眼差しです。

これでお解りのように、背後にはつねにたくさんの眼差しがあると言うことができます。アンドレ・マルローは、独りで立った眼差しと自認している画家の眼差しを「比類なき怪物」と呼び、たまたまそれが支配している時代を現代として取り出しましたが、この時代はこの点では何一つとして新しいものを導入したわけではありません。背後にはつねに眼差しがあったのです。しかし、ここがもっとも微妙な点ですが、この眼差しはどこからくるのでしょう。

3

さてここで、セザンヌの「小さな青、小さな白、小さな茶」に戻りましょう。あるいはさらには、モーリス・メルロ＝ポンティが『シーニュ』の中で話のついでに触れているひじょうに見事な例、つまり描いている最中のマチスをスローモーションで撮った映画の奇妙さへと戻りましょう。重要なのはマチス自身がそれを見て驚いているということです。モーリス・メルロ＝ポンティはこの身振りのパラドックスを強調していますが、時間が極端に引き伸ばされているので、一つひとつのタッチは完璧に熟考されたものであろうと我われは想像することになります。しかし、それは幻影にすぎないと彼は言います。雨が降るように画家の筆から小さなタッチが送り出され、奇跡のように一枚の絵となるのですが、この一つひとつのタッチは選択とは違った何か別のものです。この別のものが何か、ということについてはぜひとも定式化を試みなくてはなりません。

問題は、私が筆の雨と呼んだものをできるかぎり正確に捉えることではないでしょうか。(6) 一羽の鳥が描くとしたら、それは蛇が鱗を落とすとか木が毛虫を落とすとか葉を雨のように落とすとかいうように、羽を落とすということなのではないでしょうか。ここで蓄積するもの、それは眼差しの放棄の最初の行為です。おそらくそれは至高の行為といえるでしょう。というのもこの行為は物質化したなにものかへと移るからです。そして、そのなにものかが、他のところから来てこの産物の前に出現するであろうすべてのものを、この至高性によって脱落性のもの caduc にし、拒み、無効にすることになるのです。

画家のタッチとはそこで一つの動きが終結するようななにものかであることを忘れてはなりません。我われは、そこで退行という言葉に新しい違った意味を与えるなにものかを目の当たりにしています。つまり我われは、それが遡ってそれ自身の刺激〔入力〕を引き起こすというかぎりで、反応という意味での運動〔出力〕的要素を目の当たりにしているのです。

それによってこそ、他者との関係が際立ったものとして位置づけられる独自の時間性が、ここでは、すなわち視認の次元においては、終結の瞬間の時間性となります。シニフィアンと話されたこととの同一化の弁証法においては急き立てとして前へと投影されることになるものが、ここでは反対に到達点であって、あらゆる新しい知性の始まりにおいて見る瞬間と呼ばれるであろうものなのです。

この終結の瞬間のおかげで我われは行為と身振りを区別することができます。キャンバスの上にタッチが加えられるのは身振りによってです。そして、身振りがそこにつねに現前しているということは、まったく正しいので、絵はまずは我われには、「印象」あるいは「印象派」という言葉が表すように、他のあらゆるタイプの運動以上に身振りに親和性を持ったものとして感じられるであろうことは疑いありません。絵の中で描かれているあらゆる行為は戦いの場面として、すなわち必然的に身振りのためにつくられた演劇的なものとして現れてくるでしょう。そしてこのように身振りに深く関わっているからこそ、絵は、具象画にせよそうでないにせよ、天地を逆に掛けることはできません。誰かがスライドのフィルムを裏返したならば、みなさんはただちに左右が反対であることに気がつくでしょう。手の身振りの方向がこの横方向の対称性をはっきりと示しています。

それゆえここでは我われは眼差しがある種の降下という形で作用するのを見ます。それはたしかに欲望の降下なのでしょうが、しかし、それをどのように言い表せばよいでしょうか。主体はしっかりとそこにあるわけではなく、遠隔操作されています。無意識であるかぎりでの欲望に関して私が与えた定式、つまり「人間の欲望は〈他者〉の欲望である」という定式を修正して、ここで問題なのは〈他者〉「における」欲望の一つであり、その欲望の端に「供覧すること」があると言うこともできましょう。

なぜ、この「供覧すること」はなにものかを鎮めるのでしょうか。それはまさに眼差す者の側には目の食欲とでもいうべきものがあるからにほかなりません。養わなくてはならないこの目の食欲が絵画の魅惑的価値を作り出しているのです。この価値は一般に考えられるよりもはるかに低い次元に求められるべきだと思われます。つまり目という器官の真の機能をなすもの、すなわち邪視という貪欲さに満ちた目に求められるべきだと思われます。

邪視の機能の遍在性を思い浮かべるなら、善意の目、すなわち恵みをもたらす目の方はその痕跡すらないというのは驚くべきことです。これはどういうことでしょうか。これは目にはそれ自身に分離能力――いろいろな領域のことを言って申し訳ありません――という致死的機能が備わっているからです。しかしこの分離は判明な視覚というレベルをはるかに越えています。目に付与されている力、目をつけられた動物の乳を枯れさせてしまうという力――このことは現代でも他の時代でも、またもっとも文明の進んだ国においても広く信じられています――、あるいは目によって病や不幸をもたらすという力、この力のことをもっともよく描き出すものは、「羨望 invidia」をおいてほかにはありません。

「invidia」は「見る videre」からきています。我われ分析家にとってもっとも例証的な「invidia」は、私がずっと以前にアウグスティヌスの著作に見出し、そこからどんな成り行きが導かれるかを解明した例です。つまり、母の乳房にすがりついている弟を「苦々しい眼差し amare conspectu」で眼差している子供の「invidia」です。この苦々しい眼差しが表情を歪ませ、自分自身にも毒の効果を及ぼします。

眼差しの機能における「invidia」が何であるのかを理解するためには、それを嫉妬と混同してはなりません。小さな子供が、あるいは誰であっても、彼が羨望する envier ものは必ずしも、彼が「欲しい avoir envie」——不適切にもそう表現されるのですが——ものとは限りません。弟を眼差している子供、その子がまだ乳房にしがみつく必要があるなどと誰が言いましょう。よく知られているように羨望は、羨望している人にとっては何の役にも立たないし、それが本当はいったいどんなものなのか予想もつかない財の所有によっても広くかき立てられるのです。

このようなものこそが真の羨望です。何を前にして羨望は主体を青ざめさせるのでしょうか。それは、それ自体で閉じている一つの完全なものというイメージを前にしてです。つまり小文字の a、主体が宙づりにされている分離された a を所有することは、他の人にとっては「満足 Befriedigung」を与えることができるだろう、というイメージを前にして、です。

絵の機能の持つ鎮め、つまり文明化をもたらし、魅惑する力を捉えるためには、眼差しによって絶望させられたものとしてのこの目の領域へと、我われは赴かなくてはなりません。a と欲望との根源的関係は転移に関して今後導入することになるものにおいて範例として役立つでしょう。

質疑応答

M・トール――あなたのおっしゃった身振りと見る瞬間との関係についてもう少し詳しく説明していただけませんか。

身振りとは何でしょうか。たとえば威嚇の身振りとは。それは中断された一撃ではありません。それはまさにはじめから停止され、宙づりにされるべくなされたもののことです。後からそれを最後まで押し進めることもできるでしょうが、威嚇の身振りというかぎりでは、それは遡って書き込まれるものです。

このきわめて特異な時間性は、私が停止という言葉で定義したものであり、その背後にその意味を作り出すものですが、この時間性こそが身振りと行為の区別をなすものです。

最近公演のあった京劇をご覧になっていれば解ることですが、特に注目すべきは、互いに戦うその仕方です。彼らは実際の打撃によってよりもむしろ身振りによって、大昔から戦ってきたのと同じ仕方で戦うのです。もちろん舞台自体も圧倒的な身振りの優位によって演出されています。この舞踊の中では、彼らは互いに決して触れることはなく、それぞれ別の空間の中を滑らかに動くのですが、その空間の中で一連の身振りが繰り広げられます。この一連の身振りは、それでも伝統的戦闘においては結局のところ威嚇の道具として十分に役立ちうるという意味で、武器としての価値を持っています。未開人たちは、恐ろしい顔をした仮面をつけ、脅す身振りをして戦いに臨むことが知られています。しかし、それだけでおしまいと思ってはいけません。日本人と対するにあたってアメリカの海兵は彼らと同じようにいろいろな顔つきをするように教えられます。我われの最新の兵器も身振りと見なすことができます。願わくば、それらの兵器が身振りのままで留まっていてほしいものです。

絵画において白日のもとに現れるものの真正さは我われ人間存在においては弱められていると言えます。というのは、我われ人間は、我われの絵の具をそれのあるところ、すなわち糞便の中に探さなくてはならないからです。私が、羽を落とすであろう鳥のことに言及したのは、我われはこの羽を持っていないからです。創作者は小さな汚い堆積物の創造にしか、ひしめき合う一連の小さな堆積物の創造にしか、関わることはないでしょう。我われが視認的創造、つまり見せる動きとしての身振りに入るのはこの次元を通してのことです。

これでよろしいですか、この説明で。あなたが質問されたのはこういうことでしたか。

――いいえ。私は、あなたがかつて一度言及された時間性について、あなたがおっしゃったことをもう少し詳しく説明していただきたかったのです。この時間性は別の機会に論理的時間に関してあなたが述べられたことを前提にしているように私には思われます。

よくお聞きください。私は縫合、疑似同一化を指摘したのです。それは、私が身振りの終結の時と呼んだことと、同一化的な急き立ての弁証法と私が呼んだ別の弁証法において最初の時として、すなわち見る瞬間として据えたことの間にあります。この二つは重なり合いますが、決して同じものではありません。なぜならば一方は終わりであり、もう一方は始まりだからです。

時間がなかったので必要な指摘をすることができなかったのですが、そのことについて言っておきたいと思います。

身振りを完成させるこの最後の眼差しの時を、私はその後で邪視について言ったことと密接に関連づけました。眼差しそれ自体が動きを終結させるだけではなく、凍結させます。さきほどお話しした舞踊をよく見てください。この舞踊はつねに、俳優が固定した姿勢のまま止まる一連の停止の時間によって区切られています。運動のこの止め受け、この停止の時間は何でしょうか。邪視から眼差しを奪い、厄払いをするという意味で、それは魅惑する効果にほかなりません。邪視とは「魅惑、まじない fascinum」であり、それは動きをとめて文字通り生命を殺す効果を持つものです。主体が身振りを中断して止まるとき、彼は死体と化しているのです。この終結点の反生命の機能、反運動の機能とは「fascinum」であり、そここそまさに眼差しの力能が直接に作用する次元の一つです。見る瞬間がここに介入できるのは想像的なものと象徴的なものの縫合として、あるいは結合としてだけです。そして、この見る瞬間は一つの弁証法に再び捕らえられます。つまり、急き立て、跳躍、前進運動と呼ばれる種類の時間的進歩に捕らえられますが、それは「fascinum」という結果に終わるのです。

私が強調したいのは、視認の領域と祈願し呼びかけ召命する領野との全面的な区別です。視認の領野では、祈願の領野とは反対に主体は本質的に未決定ではありません。主体が決定されるのは、まさに a からの切断、すなわち眼差しが導き入れる魅惑的なものからの切断が決定する分離そのものによってです。これであなたも少しは満足されましたか。すっかり?――ほぼ満足ですか。

F・ヴァール――あなたは、邪視と同様に地中海文明において位置づけられているある現象には言及されませんでした。それは魔除けの目です。この目は守る機能を持っていて、一定の旅程の間持続し、停止にではなく運動に結びついています。

魔除け的なものは言ってみればアロパシー〔逆症療法〕的なもので、珊瑚あるいは他のものでできた角であったり、他のさまざまなもので表されますが、それらの外見は、ウアロ(7)が「むしろ下品なもの turpicula res」と記述していたように、より明確だと思います。それは端的にいってファルスです。なぜなら、目が有毒で攻撃的機能を持ち、自然界におけるようにたんに騙して誘惑する機能だけを持っているのではないのは、あらゆる人間の欲望が去勢に基づいているからです。さまざまなお守りの中には「対抗する目」を表す形のものもあります。これはホメオパシー〔同毒療法〕的なものです。このような回り道を経て魔除け的機能と言われるものが導入されるに至ったのです。

私は、たとえば聖書の中には目が「恵み baraka」を授けるということを述べている箇所があったはずだが、と思ったこともありました。いくつか迷う箇所もありましたが、結局そのようなものはありませんでした。目は魔除け的ではありえても、結局幸運をもたらすものではなく、不幸をもたらすものです。聖書には、新約聖書においても、善意の目はありませんが、邪視は至る所にあります。

J＝A・ミレール――あなたは何回か前のセミネール以来、主体は量や計測の次元には、つまりデカルト的空間には位置づけることができない、と説明してこられました。その一方で、メルロ＝ポンティの研究はあなた自身の研究と軌を一にするとおっしゃり、彼は無意識についての目印をつけたとまで主張なさいましたが……。

私はそんなことは言っていません。ただ彼のノートには無意識のことを言っていると思わせる気配が感じられたので、言ってみれば私の領野に入るに至ったかもしれない、という推測を述べたにすぎません。しかし、そのことについて確信があるわけではありません。

――もう少し続けます。メルロ＝ポンティがデカルト的空間をひっくり返そうとしたのは、〈他者〉との関係の超越論的空間を開くためだったのでしょうか。いえ、そうではありません。それはいわゆる間主観性の次元に近づくためか、あるいは、いわゆる前客観的、野生的、原初的世界に近づくためです。そこで、お聞きしたいことは、あなたが『レ・タン・モデルヌ』誌のある号でモーリス・メルロ＝ポンティについて書かれた記事の中で、『見えるものと見えないもの』が出版されたことによって変更を加えたい箇所があるかどうか、ということです。

まったくありません。

一九六四年三月一一日

訳註

（1）本質、本体。可想的存在、現象を超えてその根本にあるべき実体をいう。カントはこの超感性的な認識対象が理論的には知りえないことを示して古典形而上学を批判した。
（2）ベルギーの画家、一八六〇―一九四九。
（3）オーストリアの画家、一八七七―一九五九。

（4）ヴェネチアの総領の官邸で、ヴェネチア共和国政府が置かれていた。一二世紀に建てられたゴシック建築で、その後何度も改築されている。多くの絵が宮殿を飾っている。またドージェというイタリア語はヴェネチアの支配者をも意味している。

（5）フランスの政治家、著述家、一六一三―七九。

（6）毛づくろいする peignait〈動詞 peigner の半過去形〉と、描く peignait〈動詞 peindre の半過去形〉の掛詞。ここでは絵を描くときのことを比喩的に述べている。

（7）ウァロ、マルクス・テレンティウス（Varro, Marcus Terentius）、紀元前一一六―紀元前二七。フランス語では Varron あるいは Varro と表記される、ローマの碩学。これに続くくだりは、その著書『ラテン語について De lingua latina』を踏まえたもの。

ジャック・ラカン 精神分析《せいしんぶんせき》の四基本概念《よんきほんがいねん》(上)〔全2冊〕
ジャック＝アラン・ミレール編

2020年8月18日 第1刷発行
2023年12月25日 第4刷発行

訳 者 小出浩之《こいでひろゆき》 新宮一成《しんぐうかずしげ》
鈴木國文《すずきくにふみ》 小川豊昭《おがわとよあき》

発行者 坂本政謙

発行所 株式会社 岩波書店
〒101-8002 東京都千代田区一ツ橋2-5-5

案内 03-5210-4000 営業部 03-5210-4111
文庫編集部 03-5210-4051
https://www.iwanami.co.jp/

印刷・理想社 カバー・精興社 製本・中永製本

ISBN 978-4-00-386016-8 Printed in Japan

読書子に寄す

——岩波文庫発刊に際して——

岩波茂雄

真理は万人によって求められることを自ら欲し、芸術は万人によって愛されることを自ら望む。かつては民を愚昧ならしめるために学芸が最も狭き堂宇に閉鎖されたことがあった。今や知識と美とを特権階級の独占より奪い返すことはつねに進取的なる民衆の切実なる要求である。岩波文庫はこの要求に応じそれに励まされて生まれた。それは生命ある不朽の書を少数者の書斎と研究室とより解放して街頭にくまなく立たしめ民衆に伍せしめるであろう。近時大量生産予約出版の流行を見る。その広告宣伝の狂態はしばらくおくも、後代にのこすと誇称する全集がその編集に万全の用意をなしたるか。千古の典籍の翻訳企図に敬虔の態度を欠かざりしか。さらに分売を許さず読者を繫縛して数十冊を強うるがごとき、はたしてその揚言する学芸解放のゆえんなりや。吾人は天下の名士の声に和してこれを推挙するに躊躇するものである。このときにあたって、岩波書店は自己の責務のいよいよ重大なるを思い、従来の方針の徹底を期するため、すでに十数年以前より志して来た計画を慎重審議この際断然実行することにした。吾人は範をかのレクラム文庫にとり、古今東西にわたって文芸・哲学・社会科学・自然科学等種類のいかんを問わず、いやしくも万人の必読すべき真に古典的価値ある書をきわめて簡易なる形式において逐次刊行し、あらゆる人間に須要なる生活向上の資料、生活批判の原理を提供せんと欲する。この文庫は予約出版の方法を排したるがゆえに、読者は自己の欲する時に自己の欲する書物を各個に自由に選択することができる。携帯に便にして価格の低きを最主とするがゆえに、外観を顧みざるも内容に至っては厳選最も力を尽くし、従来の岩波出版物の特色をますます発揮せしめようとする。この計画たるや世間の一時の投機的なるものと異なり、永遠の事業として吾人は微力を傾倒し、あらゆる犠牲を忍んで今後永久に継続発展せしめ、もって文庫の使命を遺憾なく果たさしめることを期する。芸術を愛し知識を求むる士の自ら進んでこの挙に参加し、希望と忠言とを寄せられることは吾人の熱望するところである。その性質上経済的には最も困難多きこの事業にあえて当たらんとする吾人の志を諒として、その達成のため世の読書子とのうるわしき共同を期待する。

昭和二年七月

《哲学・教育・宗教》〔青〕

ソクラテスの弁明・クリトン　プラトン　久保勉訳
ゴルギアス　プラトン　加来彰俊訳
饗宴　プラトン　久保勉訳
テアイテトス　プラトン　田中美知太郎訳
パイドロス　プラトン　藤沢令夫訳
メノン　プラトン　藤沢令夫訳
国家　全二冊　プラトン　藤沢令夫訳
プロタゴラス　—ソフィストたち　プラトン　藤沢令夫訳
パイドン　—魂の不死について　プラトン　岩田靖夫訳
アナバシス　—敵中横断六〇〇〇キロ　クセノポン　松平千秋訳
アリストテレス　ニコマコス倫理学　全二冊　高田三郎訳
アリストテレス　形而上学　全二冊　出隆訳
アリストテレス　弁論術　戸塚七郎訳
アリストテレース詩学・ホラーティウス詩論　松本仁助・岡道男訳
物の本質について　ルクレーティウス　樋口勝彦訳
エピクロス　—教説と手紙　出隆・岩崎允胤訳

生の短さについて　他二篇　セネカ　大西英文訳
怒りについて　他二篇　セネカ　兼利琢也訳
エピクテトス　人生談義　全二冊　國方栄二訳
人さまざま　テオプラストス　森進一訳
マルクス・アウレーリウス　自省録　神谷美恵子訳
老年について　キケロー　中務哲郎訳
弁論家について　全二冊　キケロー　大西英文訳
キケロー書簡集　高橋宏幸編
平和の訴え　エラスムス　箕輪三郎訳
方法序説　デカルト　谷川多佳子訳
哲学原理　デカルト　桂寿一訳
情念論　デカルト　谷川多佳子訳
パンセ　全三冊　パスカル　塩川徹也訳
スピノザ　神学・政治論　全二冊　畠中尚志訳
知性改善論　スピノザ　畠中尚志訳
スピノザ　エチカ（倫理学）　全二冊　畠中尚志訳
スピノザ　国家論　畠中尚志訳

スピノザ往復書簡集　畠中尚志訳
デカルトの哲学原理　—附 形而上学的思想　スピノザ　畠中尚志訳
スピノザ　神・人間及び人間の幸福に関する短論文　畠中尚志訳
モナドロジー　他二篇　ライプニッツ　谷川多佳子・岡部英男訳
市民の国について　全二冊　ヒューム　小松茂夫訳
自然宗教をめぐる対話　ヒューム　犬塚元訳
エミール　全三冊　ルソー　今野一雄訳
人間不平等起原論　ルソー　本田喜代治・平岡昇訳
ルソー　社会契約論　桑原武夫・前川貞次郎訳
言語起源論　—旋律と音楽的模倣について　ルソー　増田真訳
ディドロ　絵画について　佐々木健一訳
道徳形而上学原論　カント　篠田英雄訳
啓蒙とは何か　他四篇　カント　篠田英雄訳
純粋理性批判　全三冊　カント　篠田英雄訳
カント　実践理性批判　波多野精一・宮本和吉・篠田英雄訳
判断力批判　全二冊　カント　篠田英雄訳
永遠平和のために　カント　宇都宮芳明訳

プロレゴメナ　カント　篠田英雄訳
学者の使命・学者の本質　フィヒテ　宮崎洋三訳
シュライエルマッハー 独白　木場深定訳
ヘーゲル 政治論文集 全二冊　金子武蔵訳
哲学史序論 —哲学と哲学史　ヘーゲル　武市健人訳
歴史哲学講義 全二冊　ヘーゲル　長谷川宏訳
法の哲学 —自然法と国家学の要綱　ヘーゲル　上妻精・佐藤康邦・山田忠彰訳
学問論　シェリング　西川富雄・藤田正勝監訳
自殺について 他四篇　ショウペンハウエル　斎藤信治訳
読書について 他二篇　ショウペンハウエル　斎藤忍随訳
知性について 他四篇　ショーペンハウエル　細谷貞雄訳
不安の概念　キェルケゴール　斎藤信治訳
死に至る病　キェルケゴール　斎藤信治訳
体験と創作 全二冊　ディルタイ　柴田治三郎・小牧健夫訳
眠られぬ夜のために 全二冊　ヒルティ　草間平作・大和邦太郎訳
幸福論 全三冊　ヒルティ　草間平作・大和邦太郎訳
悲劇の誕生　ニーチェ　秋山英夫訳

ツァラトゥストラはこう言った 全二冊　ニーチェ　氷上英廣訳
道徳の系譜　ニーチェ　木場深定訳
善悪の彼岸　ニーチェ　木場深定訳
この人を見よ　ニーチェ　手塚富雄訳
プラグマティズム　W・ジェイムズ　桝田啓三郎訳
宗教的経験の諸相 全二冊　W・ジェイムズ　桝田啓三郎訳
日常生活の精神病理　フロイト　高田珠樹訳
純粋現象学及現象学的哲学考案 全二冊　フッセル　池上鎌三訳
デカルト的省察　フッサール　浜渦辰二訳
愛の断想・日々の断想　ジンメル　清水幾太郎訳
ジンメル宗教論集　深澤英隆編訳
笑い　ベルクソン　林達夫訳
道徳と宗教の二源泉　ベルクソン　平山高次訳
時間と自由　ベルクソン　中村文郎訳
ラッセル教育論　安藤貞雄訳
ラッセル幸福論　安藤貞雄訳
存在と時間 全四冊　ハイデガー　熊野純彦訳

学校と社会　デューイ　宮原誠一訳
民主主義と教育 全二冊　デューイ　松野安男訳
我と汝・対話　マルティン・ブーバー　植田重雄訳
アラン 幸福論　神谷幹夫訳
アラン 定義集　神谷幹夫訳
天才の心理学　E・クレッチュマー　内村祐之訳
英語発達小史　H・ブラッドリ　寺澤芳雄訳
日本の弓術　オイゲン・ヘリゲル述　柴田治三郎訳
ことばのロマンス —英語の語源　ウィークリー　寺澤芳雄・出淵博訳
ヴィーコ 学問の方法　上村忠男・佐々木力訳
国家と神話 全二冊　カッシーラー　熊野純彦訳
天才・悪　ブレンターノ　篠田英雄訳
人間の頭脳活動の本質 他一篇　ディーツゲン　小松摂郎訳
プラトン入門　R・S・ブラック　内山勝利訳
反啓蒙思想 他二篇　バーリン　松本礼二編
マキアヴェッリの独創性 他三篇　バーリン　川出良枝編
ロシア・インテリゲンツィヤの誕生 他五篇　バーリン　桑野隆編

論理哲学論考　ウィトゲンシュタイン　野矢茂樹訳
自由と社会的抑圧　シモーヌ・ヴェイユ　冨原眞弓訳
根をもつこと　全二冊　シモーヌ・ヴェイユ　冨原眞弓訳
重力と恩寵　シモーヌ・ヴェイユ　冨原眞弓訳
全体性と無限　全二冊　レヴィナス　熊野純彦訳
啓蒙の弁証法　—哲学的断想　M・ホルクハイマー　T・W・アドルノ　徳永恂訳
ヘーゲルからニーチェへ　十九世紀思想における革命的断絶　全二冊　レーヴィット　三島憲一訳
統辞構造論　付『言語理論の論理構造』序論　チョムスキー　福井直樹　辻子美保子訳
統辞理論の諸相　方法論序説　チョムスキー　福井直樹　辻子美保子訳
快楽について　ロレンツォ・ヴァッラ　近藤恒一訳
古代懐疑主義入門　判断保留の十の方式　J・アナス　J・バーンズ　金山弥平訳
ニーチェ　みずからの時代と闘う者　ルドルフ・シュタイナー　高橋巖訳
フランス革命期の公教育論　コンドルセ他　阪上孝編訳
フレーベル自伝　長田新訳
旧約聖書　創世記　関根正雄訳
旧約聖書　出エジプト記　関根正雄訳
旧約聖書　ヨブ記　関根正雄訳

旧約聖書　詩篇　関根正雄訳
新約聖書　福音書　塚本虎二訳
文語訳　新約聖書　詩篇付
文語訳　旧約聖書　全四冊
キリストにならいて　トマス・ア・ケンピス　大沢章　呉茂一訳
聖アウグスティヌス　告白　全二冊　服部英次郎訳
アウグスティヌス　神の国　全五冊　服部英次郎　藤本雄三訳
新訳　キリスト者の自由・聖書への序言　マルティン・ルター　石原謙訳
キリスト教と世界宗教　シュヴァイツェル　鈴木俊郎訳
水と原生林のはざまで　シュヴァイツェル　野村実訳
コーラン　全三冊　井筒俊彦訳
エックハルト説教集　田島照久編訳
ムハンマドのことば　ハディース　小杉泰編訳
新約聖書外典　ナグ・ハマディ文書抄　荒井献　大貫隆　小林稔　筒井賢治　編訳
後期資本主義における正統化の問題　ハーバーマス　山田正行・金慧訳
シンボルの哲学　—理性、祭礼、芸術のシンボル試論　S・K・ランガー　塚本明子訳

ジャック・ラカン　精神分析の四基本概念　全二冊　ジャック＝アラン・ミレール編　小出浩之　新宮一成　鈴木國文　小川豊昭　訳
精神と自然　生きた世界の認識論　グレゴリー・ベイトソン　佐藤良明訳
人間の知的能力に関する試論　全二冊　トマス・リード　戸田剛文訳
開かれた社会とその敵　全四冊　カール・ポパー　小河原誠訳

《東洋思想》〔青〕

易経 全二冊 高田真治・後藤基巳訳
論語 金谷治訳注
孔子家語 藤原正校訳
孟子 全二冊 小林勝人訳注
老子 蜂屋邦夫訳注
荘子 全四冊 金谷治訳注
新訂 孫子 金谷治訳注
荀子 全二冊 金谷治訳注
韓非子 全四冊 金谷治訳注
史記列伝 全五冊 司馬遷／小川環樹・今鷹真・福島吉彦訳
春秋左氏伝 全三冊 小倉芳彦訳
塩鉄論 曾我部静雄訳註
千字文 小川環樹・木田章義注解
大学・中庸 金谷治訳注
仁学 —清末の社会変革論 譚嗣同／西順蔵・坂元ひろ子訳注
章炳麟集 —清末の民族革命思想 西順蔵・近藤邦康編訳
梁啓超文集 岡本隆司・石川禎浩・高嶋航編訳
マヌの法典 田辺繁子訳
ガンディー獄中からの手紙 森本達雄訳
ウパデーシャ・サーハスリー —真実の自己の探求 シャンカラ／前田専学訳

《仏教》〔青〕

ブッダのことば —スッタニパータ 中村元訳
ブッダの真理のことば 感興のことば 中村元訳
般若心経・金剛般若経 中村元・紀野一義訳註
法華経 全三冊 坂本幸男・岩本裕訳注
日蓮文集 兜木正亨校注
浄土三部経 全二冊 中村元・早島鏡正・紀野一義訳註
大乗起信論 宇井伯寿・高崎直道訳注
臨済録 入矢義高訳注
碧巌録 全三冊 入矢義高・溝口雄三・末木文美士・伊藤文生訳注
無門関 西村恵信訳注
法華義疏 全二冊 聖徳太子／花山信勝校訳
往生要集 全二冊 源信／石田瑞麿訳注
教行信証 親鸞／金子大栄校訂
歎異抄 金子大栄校注
正法眼蔵 全四冊 道元／水野弥穂子校注
正法眼蔵随聞記 懐奘編／和辻哲郎校訂
道元禅師清規 大久保道舟訳注
一遍上人語録 —付 播州法語集 大橋俊雄校注
南無阿弥陀仏 —付 心偈 柳宗悦
蓮如上人御一代聞書 稲葉昌丸校訂
日本的霊性 鈴木大拙／篠田英雄校訂
新編 東洋的な見方 鈴木大拙／上田閑照編
大乗仏教概論 鈴木大拙／佐々木閑訳
浄土系思想論 鈴木大拙
神秘主義 キリスト教と仏教 鈴木大拙／坂東性純・清水守拙訳
禅の思想 鈴木大拙
ブッダ最後の旅 —大パリニッバーナ経 中村元訳
仏弟子の告白 —テーラガーター 中村元訳
尼僧の告白 —テーリーガーター 中村元訳

- ブッダ 神々との対話 —サンユッタ・ニカーヤI　中村元訳
- ブッダ 悪魔との対話 —サンユッタ・ニカーヤII　中村元訳
- 禅林句集　足立大進校注
- ブッダが説いたこと　ワールポラ・ラーフラ　今枝由郎訳
- ブータンの瘋狂聖ドゥクパ・クンレー伝　ゲンドゥン・リンチェン編　今枝由郎訳
- 梵文和訳 華厳経入法界品　梶山雄一　丹治昭義　津田真一　田村智淳　桂紹隆 訳注

《音楽・美術》〔青〕

- ベートーヴェンの生涯　ロマン・ロラン　片山敏彦訳
- 音楽と音楽家　シューマン　吉田秀和訳
- レオナルド・ダ・ヴィンチの手記 全二冊　杉浦明平訳
- ゴッホの手紙 全三冊　硲伊之助訳
- ロダンの言葉抄　高村光太郎訳　高田博厚　菊池一雄 編
- ビゴー日本素描集　清水勲編
- ワーグマン日本素描集　清水勲編
- 河鍋暁斎戯画集　山口静一　及川茂 編
- 葛飾北斎伝　飯島虚心　鈴木重三校注
- ヨーロッパのキリスト教美術 —十二世紀から十八世紀まで 全二冊　エミール・マール　柳宗玄　荒木成子 訳
- 近代日本漫画百選　清水勲編
- 蛇儀礼　ヴァールブルク　三島憲一訳
- セザンヌ　ガスケ　與謝野文子訳
- 日本洋画の曙光　平福百穂
- 映画とは何か 全二冊　アンドレ・バザン　野崎歓　大原宣久　谷本道昭 訳
- 漫画 坊っちゃん　近藤浩一路
- 漫画 吾輩は猫である　近藤浩一路
- ロバート・キャパ写真集　ICPロバート・キャパ・アーカイブ編
- 北斎 富嶽三十六景　日野原健司編
- 日本漫画史 —鳥獣戯画から岡本一平まで　細木原青起
- 世紀末ウィーン文化評論集　ヘルマン・バール　西村雅樹編訳
- ゴヤの手紙 全二冊　大髙保二郎　松原典子 編訳
- 丹下健三建築論集　豊川斎赫編
- 丹下健三都市論集　豊川斎赫編
- ギリシア芸術模倣論　ヴィンケルマン　田邊玲子訳
- 堀口捨己建築論集　藤岡洋保編

《歴史・地理》〔青〕

新訂 魏志倭人伝・後漢書倭伝・宋書倭国伝・隋書倭国伝 —中国正史日本伝1　石原道博編訳
新訂 旧唐書倭国日本伝・宋史日本伝・元史日本伝 —中国正史日本伝2　石原道博編訳
ヘロドトス 歴史 全三冊　松平千秋訳
トゥーキュディデース 戦史 全三冊　久保正彰訳
ガリア戦記　カエサル　近山金次訳
ランケ 世界史概観 —近世史の諸時代　鈴木成高・相原信作訳
ランケ自伝　林健太郎訳
歴史とは何ぞや　ベルンハイム　坂口昂・小野鉄二訳
歴史における個人の役割　プレハーノフ　木原正雄訳
古代への情熱 —シュリーマン自伝　シュリーマン　村田数之亮訳
アーネスト・サトウ 一外交官の見た明治維新 全二冊　坂田精一訳
ベルツの日記 全二冊　トク・ベルツ編　菅沼竜太郎訳
武家の女性　山川菊栄
インディアスの破壊についての簡潔な報告　ラス・カサス　染田秀藤訳
ラス・カサス インディアス史 全七冊　長南実訳　石原保徳編
コロンブス 全航海の報告　林屋永吉訳

戊辰物語　東京日日新聞社会部編
大森貝塚 —付 関連史料　E・S・モース　近藤義郎・佐原真編訳
ナポレオン言行録　オクターヴ・オブリ編　大塚幸男訳
中世的世界の形成　石母田正
日本の古代国家　石母田正
平家物語 他六篇　石母田正　高橋昌明編
歴史随想集 クリオの顔　E・H・ノーマン　大窪愿二編訳
日本における近代国家の成立　E・H・ノーマン　大窪愿二訳
旧事諮問録 —江戸幕府役人の証言 全二冊　旧事諮問会編　進士慶幹校注
朝鮮・琉球航海記 —一八一六年アマースト使節団とともに　ベイジル・ホール　春名徹訳
アリランの歌 —ある朝鮮人革命家の生涯　ニム・ウェールズ　キム・サン　松平いを子訳
さまよえる湖 全二冊　ヘディン　福田宏年訳
老松堂日本行録 —朝鮮使節の見た中世日本　宋希璟　村井章介校注
十八世紀パリ生活誌 —タブロー・ド・パリ 全二冊　メルシエ　原宏編訳
北槎聞略 —大黒屋光太夫ロシア漂流記　桂川甫周　亀井高孝校訂
ヨーロッパ文化と日本文化　ルイス・フロイス　岡田章雄訳注
ギリシア案内記 全二冊　パウサニアス　馬場恵二訳

西遊草　清河八郎　小山松勝一郎校注
オデュッセウスの世界　フィンリー　下田立行訳
東京に暮す —一九二八～一九三六　キャサリン・サンソム　大久保美春訳
ミカド —日本の内なる力　W・E・グリフィス　亀井俊介訳
増補 幕末百話　篠田鉱造
幕末明治 女百話 全二冊　篠田鉱造
トゥバ紀行　メンヒェン=ヘルフェン　田中克彦訳
徳川時代の宗教　R・N・ベラー　池田昭訳
ある出稼石工の回想　マルタン・ナド　喜安朗訳
植物巡礼 —プラント・ハンターの回想　F・キングドン-ウォード　塚谷裕一訳
モンゴルの歴史と文化　ハイシッヒ　田中克彦訳
ダンピア 最新世界周航記 全二冊　平野敬一訳
ローマ建国史 全三冊(既刊上巻)　リーウィウス　鈴木一州訳
元治夢物語 —幕末同時代史　馬場文英　徳田武校注
フランス・プロテスタントの反乱 —カミザール戦争の記録　カヴァリエ　二宮フサ訳
ニコライの日記 —ロシア人宣教師が生きた明治日本 全三冊　中村健之介編訳
徳川制度 全三冊・補遺　加藤貴校注

第二のデモクラテス
戦争の正当原因についての対話
セプールベダ
染田秀藤訳

ユグルタ戦争 カティリーナの陰謀
サルスティウス
栗田伸子訳

史的システムとしての資本主義
ウォーラーステイン
川北稔訳

《法律・政治》〔白〕

人権宣言集 高木八尺・末延三次・宮沢俊義 編
新版 世界憲法集 第二版 高橋和之 編
君主論 マキアヴェッリ 河島英昭 訳
フィレンツェ史 全二冊 マキアヴェッリ 齊藤寛海 訳
リヴァイアサン 全四冊 ホッブズ 水田洋 訳
法の精神 全三冊 モンテスキュー 野田良之・稲本洋之助・上原行雄・田中治男・三辺博之・横田地弘 訳
教育に関する考察 ロック 服部知文 訳
完訳 統治二論 ジョン・ロック 加藤節 訳
寛容についての手紙 ジョン・ロック 加藤節・李静和 訳
キリスト教の合理性 ジョン・ロック 加藤節 訳
ルソー 社会契約論 桑原武夫・前川貞次郎 訳
アメリカのデモクラシー 全四冊 トクヴィル 松本礼二 訳
リンカーン演説集 高木八尺・斎藤光 訳
権利のための闘争 イェーリング 村上淳一 訳
近代人の自由と古代人の自由・征服の精神と簒奪 他一篇 コンスタン 堤林剣・堤林恵 訳
民主主義の本質と価値 他一篇 ハンス・ケルゼン 長尾龍一・植田俊太郎 訳

外交談判法 カリエール 坂野正高 訳
危機の二十年 ―理想と現実 E・H・カー 原彬久 訳
ザ・フェデラリスト A・ハミルトン J・ジェイ J・マディソン 斎藤眞・中野勝郎 訳
アメリカの黒人演説集 ―キング・マルコムX・モリスン 他 荒このみ 編訳
モーゲンソー 国際政治 全三冊 ―権力と平和 原彬久 監訳
ポリアーキー ロバート・A・ダール 高畠通敏・前田脩 訳
現代議会主義の精神史的状況 他一篇 カール・シュミット 樋口陽一 訳
政治的なものの概念 カール・シュミット 権左武志 訳
第二次世界大戦外交史 全二冊 芦田均
憲法講話 美濃部達吉
日本国憲法 長谷部恭男 解説
民主体制の崩壊 ―危機・崩壊・再均衡 ファン・リンス 横田正顕 訳
憲法 鵜飼信成

《経済・社会》〔白〕

政治算術 ペティ 大内兵衛・松川七郎 訳
国富論 全四冊 アダム・スミス 水田洋 監訳 杉山忠平 訳
法学講義 アダム・スミス 水田洋 訳

コモン・センス 他三篇 トーマス・ペイン 小松春雄 訳
経済学における諸定義 マルサス 玉野井芳郎 訳
オウエン自叙伝 ロバアト・オウエン 五島茂 訳
戦争論 全三冊 クラウゼヴィッツ 篠田英雄 訳
自由論 J・S・ミル 塩尻公明・木村健康 訳
大学教育について J・S・ミル 竹内一誠 訳
功利主義 J・S・ミル 関口正司 訳
イギリス国制論 全二冊 バジョット 遠山隆淑 訳
ユダヤ人問題によせて ヘーゲル法哲学批判序説 マルクス 城塚登 訳
経済学・哲学草稿 マルクス 城塚登・田中吉六 訳
新編輯版 ドイツ・イデオロギー マルクス エンゲルス 廣松渉 編訳 小林昌人 補訳
マルクス エンゲルス 共産党宣言 大内兵衛・向坂逸郎 訳
賃労働と資本 マルクス 長谷部文雄 訳
賃銀・価格および利潤 マルクス 長谷部文雄 訳
マルクス 経済学批判 武田隆夫・遠藤湘吉・大内力・加藤俊彦 訳
マルクス 資本論 全九冊 エンゲルス 編 向坂逸郎 訳
トロツキー わが生涯 全二冊 森田成也・志田昇 訳

空想より科学へ —社会主義の発展　エンゲルス　大内兵衛訳
帝国主義論 全二冊　ホブスン　矢内原忠雄訳
帝国主義　レーニン　宇高基輔訳
国家と革命　レーニン　宇高基輔訳
ローザ・ルクセンブルク 獄中からの手紙　秋元寿恵夫訳
雇用、利子および貨幣の一般理論 全二冊　ケインズ　間宮陽介訳
シュムペーター 経済発展の理論 全二冊　塩野谷祐一・中山伊知郎・東畑精一訳
シュムペーター 経済学史 —学説ならびに方法の諸段階　中山伊知郎・東畑精一訳
租税国家の危機　シュムペーター　木村元一・小谷義次訳
日本資本主義分析　山田盛太郎
恐慌論　宇野弘蔵
経済原論　宇野弘蔵
資本主義と市民社会 他十四篇　大塚久雄　齋藤英里編
共同体の基礎理論 他六篇　大塚久雄　小野塚知二編
ユートピアだより　ウィリアム・モリス　川端康雄訳
社会科学と社会政策にかかわる認識の「客観性」　マックス・ヴェーバー　富永祐治・立野保男訳　折原浩補訳
プロテスタンティズムの倫理と資本主義の精神　マックス・ヴェーバー　大塚久雄訳

職業としての学問　マックス・ウェーバー　尾高邦雄訳
社会学の根本概念　マックス・ヴェーバー　清水幾太郎訳
職業としての政治　マックス・ヴェーバー　脇圭平訳
古代ユダヤ教 全三冊　マックス・ヴェーバー　内田芳明訳
宗教と資本主義の興隆 歴史的研究 全二冊　トーニー　出口勇蔵・越智武臣訳
世論 全二冊　リップマン　掛川トミ子訳
鯰絵 —民俗的想像力の世界　C・アウエハント　小松和彦・中沢新一・飯島吉晴・古家信平訳
贈与論 他二篇　マルセル・モース　森山工訳
国民論 他二篇　マルセル・モース　森山工編訳
ヨーロッパの昔話 その形と本質　マックス・リュティ　小澤俊夫訳
独裁と民主政治の社会的起源 —近代世界形成過程における領主と農民 全二冊　バリントン・ムーア　宮崎隆次・森山茂徳・高橋直樹訳
大衆の反逆　オルテガ・イ・ガセット　佐々木孝訳

《自然科学》〔青〕

ヒポクラテス医学論集　國方栄二編訳
科学と仮説　ポアンカレ　河野伊三郎訳
ロウソクの科学　ファラデー　竹内敬人訳
種の起原 全二冊　ダーウィン　八杉龍一訳

自然発生説の検討　パストゥール　山口清三郎訳
完訳 ファーブル昆虫記 全十冊　山田吉彦・林達夫訳
科学談義　T・H・ハックスリ　小泉丹訳
メンデル 雑種植物の研究　岩槻邦男・須原準平訳
アインシュタイン 相対性理論　内山龍雄訳・解説
相対論の意味　アインシュタイン　矢野健太郎訳
アインシュタイン 一般相対性理論　小玉英雄編訳・解説
自然美と其驚異　ジョン・ラバック　板倉勝忠訳
ダーウィニズム論集　八杉龍一編訳
ニールス・ボーア論文集1 因果性と相補性　山本義隆編訳
ニールス・ボーア論文集2 量子力学の誕生　山本義隆編訳
ハッブル 銀河の世界　戎崎俊一訳
パロマーの巨人望遠鏡 全二冊　D・O・ウッドベリー　関正雄・湯澤博・成相恭二訳
生物から見た世界　ユクスキュル・クリサート　日高敏隆・羽田節子訳
ゲーデル 不完全性定理　八杉満利子・林晋訳
日本の酒　坂口謹一郎
生命とは何か —物理的にみた生細胞　シュレーディンガー　岡小天・鎮目恭夫訳

ウィーナー サイバネティックス ——動物と機械における制御と通信　池原止戈夫・彌永昌吉・室賀三郎・戸田巖 訳

熱輻射論講義　マックス・プランク　西尾成子 訳

コレラの感染様式について　ジョン・スノウ　山本太郎 訳

20世紀科学論文集 現代宇宙論の誕生　須藤靖 編

高峰譲吉文集 いかにして発明国民となるべきか　鈴木淳 編

相対性理論の起原 他四篇　廣重徹　西尾成子 編

岩波文庫の最新刊

フロイト著／高田珠樹・新宮一成・須藤訓任・道籏泰三訳

精神分析入門講義（下）

精神分析の概要を語る代表的著作。下巻には第三部「神経症総論」を収録。分析療法の根底にある実践的思考を通じて、人間精神の新しい姿を伝える。（全二冊）

〔青六四二-三〕　定価一四三〇円

イリイチ著／玉野井芳郎・栗原彬訳

シャドウ・ワーク

家事などの人間にとって本来的な諸活動を無払いの労働〈シャドウ・ワーク〉へと変質させた、産業社会の矛盾を鋭く分析する。現代文明への挑戦と警告。

〔白二三二-一〕　定価一二一〇円

ロゲルギスト著／松浦壮編

精選 物理の散歩道

談論風発。議論好きな七人の物理仲間が発表した科学エッセイから名作を精選。旺盛な探究心、面白がりな好奇心あふれる一六篇を収録する。

〔青九五六-一〕　定価一二一〇円

川村晃生・柏木由夫・伊倉史人校注

金葉和歌集

天治元年(一一二四)、白河院の院宣による五番目の勅撰和歌集。撰者は源俊頼。歌集の奏上は再度却下され、三度に及んで嘉納された。平安後期の変革時の歌集。改版。

〔黄三〇-一〕　定価一四三〇円

……今月の重版再開……

南波浩校注

紫式部集
―付 大弐三位集・藤原惟規集―

定価八五八円　〔黄一五-八〕

ベーコン著／桂寿一訳

ノヴム・オルガヌム（新機関）

定価一〇七八円　〔青六一七-二〕

岩波文庫の最新刊

マックス・ウェーバー著／野口雅弘訳

支配について

Ⅰ 官僚制・家産制・封建制

支配の諸構造を経済との関連で論じたテクスト群。『支配の社会学』として知られてきた部分を全集版より訳出。詳細な訳註や用語解説を付す。（全二冊）

〔白二一〇-一〕 定価一五七三円

網野善彦著

中世荘園の様相

動乱の時代、狭い谷あいに数百年続いた小さな荘園、若狭国太良荘。「名もしれぬ人々」が積み重ねた壮大な歴史を克明に描く、著者の研究の原点。（解説＝清水克行）

〔青N四〇二-一〕 定価一三五三円

J・L・ボルヘス作／内田兆史・鼓直訳

シェイクスピアの記憶

分身、夢、不死、記憶、神の遍在といったテーマが作品間で響き合う、巨匠ボルヘス最後の短篇集。精緻で広大、深遠で清澄な、磨きぬかれた四つの珠玉。

〔赤七九二-一〇〕 定価六九三円

ヘルダー著／嶋田洋一郎訳

人類歴史哲学考 (二)

第二部の第六～九巻を収録。諸大陸の様々な気候帯と民族文化の関連を俯瞰し、人間に内在する有機的力を軸に、知性や幸福について論じる。（全五冊）

〔青N六〇八-二〕 定価一二七六円

……今月の重版再開……

有島武郎作

カインの末裔 クララの出家

定価五七二円 〔緑三六-四〕

プルタルコス著／柳沼重剛訳

似て非なる友について 他三篇

定価一〇七八円 〔青六六四-四〕